BLACK SWAN 黑天鹅图书

为 人 生 提 供 领 跑 世 界 的 力 量

BLACK SWAN

デザインマネジメント

设计颠覆一切

[日] 田子学 田子裕子 桥口宽／著
卢茂君／译

北京联合出版公司
Beijing United Publishing Co.,Ltd.

情感　创造　设计

我们将超越事物的既有理念，
创造不受束缚的崭新价值观，
不断展现创意迭出的设计。

TOSHIBA
东芝

大家也许还记得，老款壁挂式空调正面的壁板曾经有一道丑陋的缝隙。

2000年，我就职于东芝设计中心，我所带领的团队解决了这一问题。想要消除这道缝隙，不仅需要考虑外观设计，还要考虑其实际用途，因为当时的技术能力所限，吸纳空气这项重要功能完全依赖于壁板上的缝隙。后来，在设计师和技术人员的共同努力之下，终于设计出具有吸气功能的无缝壁板，彻底摒弃了原来的缝隙设计。结果大获成功，当年这款空调成为最畅销的商品。第二年，几乎所有家电厂商都模仿东芝生产无缝壁板空调。

此后，日本空调外观上的缝隙成为历史。

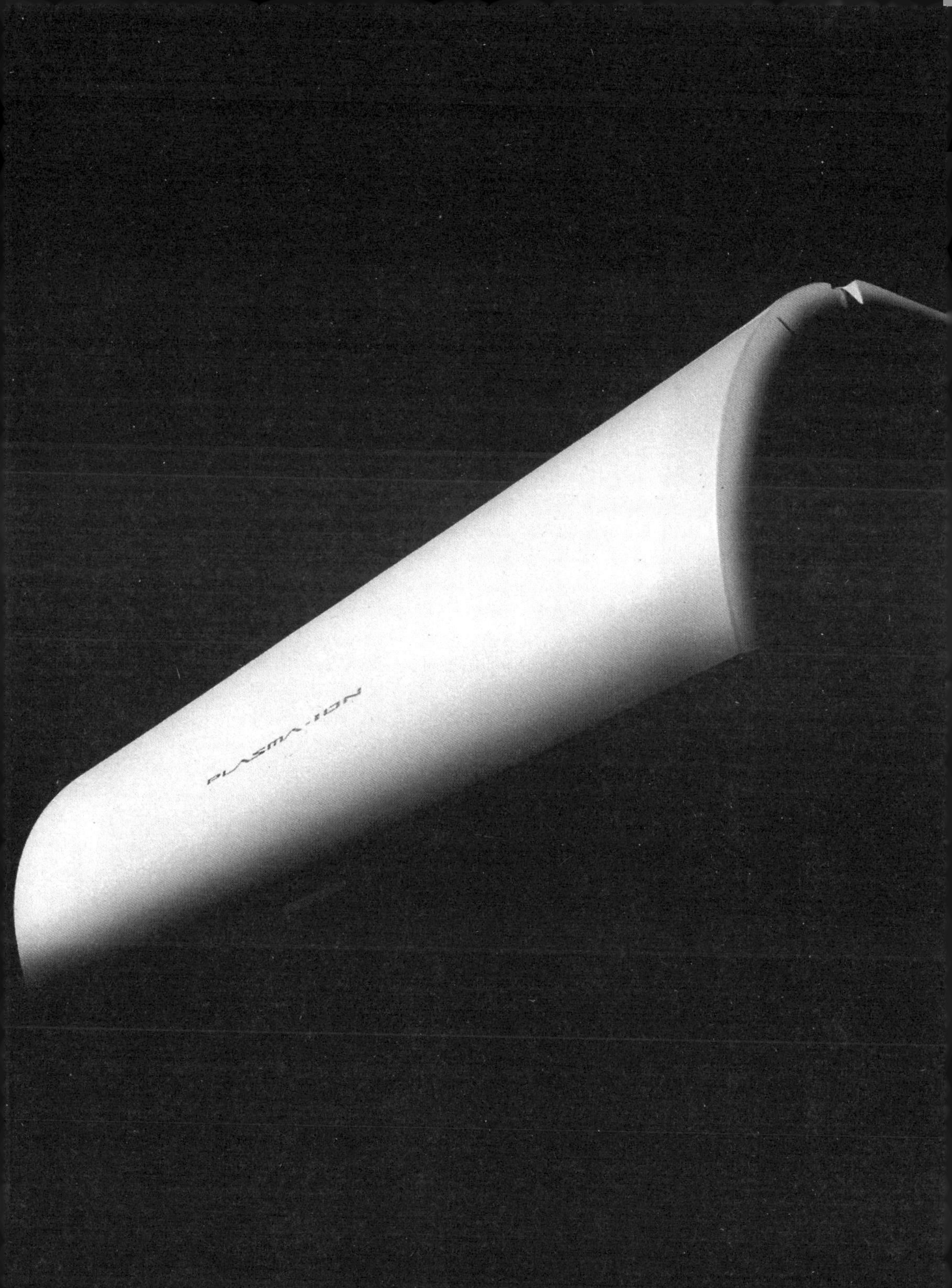

东芝/无缝空调（大清快）

东芝、Realfleet/dynabook再生计划

TOSHIBA

×

REALFLEET

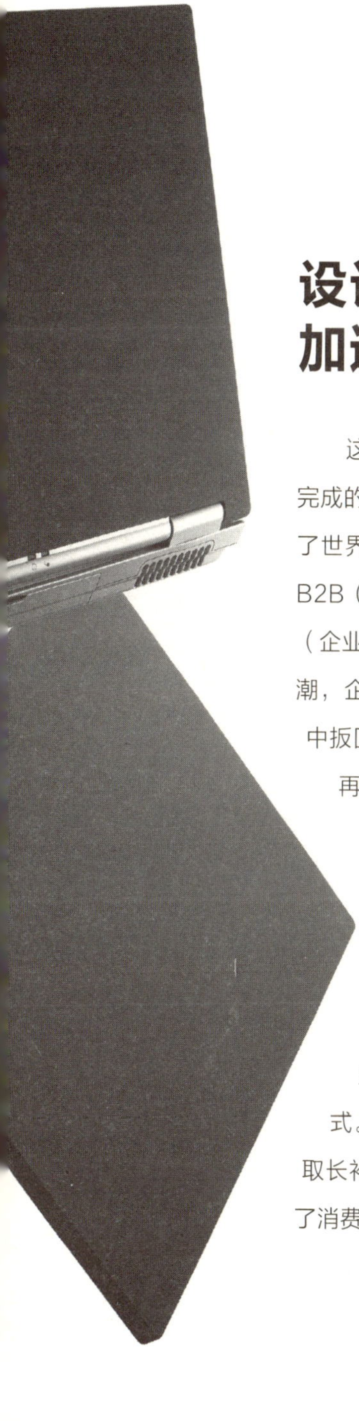

设计管理具有加速合作进程的力量

这个例子也是我2004年在东芝任职期间完成的一项工作。早在1985年，东芝就发售了世界上第一台笔记本电脑，然而当时迫于B2B（企业对企业的电子商务模式）向B2C（企业对个人的电子商务模式）转型的时代浪潮，企业间纷纷展开竞争。为了在这场恶战中扳回一局，东芝着手开展了“dynabook再生计划”。在这个关键时刻，我做出了一项决策，即与日本首家独立家电设计制造商Realfleet（现在的Amadana）合作，推出东芝款和Realfleet款笔记本电脑。该公司不仅在产品上下足功夫，在销路、宣传等方面也不断推出独具特色的模式。双方凭借设计管理的强大力量，相互取长补短。最终，两款产品相得益彰，得到了消费者的一致好评。

从设计管理者的视角
看成功挑战禁区的可能性

我曾经设想开发一款能够将日本独特审美和现代科技相融合的手机，这一设想的结晶便是Amadana N705i；研发这一产品时我已经离开东芝，进入Realfleet工作。这家企业规模小，策划、设计、创作乃至公关等部门高度关联，可以实现硬件、软件一气呵成的设计。凭借这款手机，我们在大厂商竞争激烈的手机市场上异军突起，2008年，Amadana N705i手机获得出厂量冠军。

Realfleet/Amadana N705i

为什么要制造它

作为创意总监，我参与了鸣海制陶“OSORO”系列产品从开发到宣传的整个策划。“OSORO”系列产品于2012年正式发售，其设计获得高度评价，揽下日本国内外十多个设计奖项。对于这项设计，我可以说是沥尽心血、精益求精。所以，它获奖后，我发自内心地感到高兴。借这个机会，我想做一些简单的说明。对于设计而言，首先需要明确“为什么要制造这一产品”“它要传递什么样的价值”这些核心环节，然后才能全面开展设计。因此，在设计管理的过程中，我们要重视设计理念，并为此倾注心力。“OSORO”系列产品的设计理念是“减轻家务负担，用更美观的餐具享受美食，为地球环境做贡献”。这一理念直接体现在“OSORO”的外形与色泽上。尽管产品外形看起来十分简约，但设计之路却是漫长且曲折的，披荆斩棘，历时三年才走到今天。

↓

设计管理从此起步

nasta

2011年，Kyowanasta召集所有35岁以下的年轻员工，计划开发面向消费者的洗衣周边产品。当时公司虽然也经营洗衣周边产品，但仅限于B2B领域。确定进军消费者市场之后，我与团队全体成员将产品理念定为“享受室内晾衣的乐趣”，并将新品牌命名为“nasta”。这一命名，一方面取自公司名称的一部分，另一方面则因为“nasta”在瑞典语中是“下一步”的意思。基于这一品牌理念，我们一连开发了20项产品（各种颜色合计32项）。这一以消费者为导向的全新理念引领了消费潮流，nasta品牌得到了广泛认同，直到现在销售额仍在持续增长。

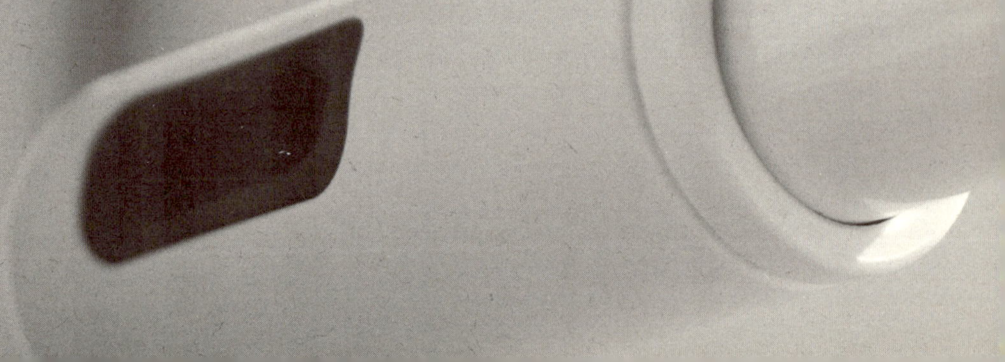

设计管理
提升品牌价值

前言

设计的要点在于把握事物的本质。因此，我希望非职业设计师身份的人也能够认识到设计的真正力量并学会运用，长此以往，设计必将改变我们的工作方式，激发企业的活力，甚至还有可能改变我们的社会，乃至整个世界。

这正是我写这本书的动因。

我从大量的案例研究中得出一个直观的结论：任何工作环节都需要设计，管理、策划、研发、营销、宣传、法务等，与商品生产并不直接相关的业务部门同样也离不开设计。但是，现在能够跨越部门界限、统一设计理念、彻底执行设计理念的企业并不多，大多数企业仍然处于内部组织泾渭分明、沟通不畅的状态。

即便如此，还是有很多人认识到设计管理对于企业战略的重要性，意识到设计能有效助推目标的实现。实际上，我周围就有人提出希望将设计纳入企业体系，想必购买此书的读者也是意识到这一点才购买的。但是，我时常思考，人们是否真正理解设计。因此，本书第一章对“何谓设计”“何谓设计管理”两项基础内容进行了介绍。第二章之后的内容，是我多年来从事设计管理的案例，具体展示设计管理所取得的效果或成果。

一般人印象中的设计，往往以为只是设计颜色和形状，而设计管理则是超出这种设计范畴的一个综合性概念，即从全局角度和高度考量以什么样的思想向用户传递什么样的价值。我就是从事这种设计管理的设计师。

设计管理的负责人相当于管弦乐团的指挥。乐团指挥引导钢琴、小号等各种乐器各自发声，同时保持整体的协调，以最直观的方式向听众展现乐曲的神韵，传递情感，激发共鸣。但是，每种乐器只是管弦乐团的一部分。所以，对于设计管理而言，外观设计只不过是整体设计的冰山一角罢了。

真正的设计管理，首先应该明确整个工作计划的核心内容，在此基础上，调动策划、创意、绘图、生产、营销、研发、采购与法务等各部门的力量，创造出价值高、竞争力强的产品和服务，将核心价值传递给顾客，令顾客称心如意、赞不绝口，这就是设计管理的第一要义。

设计与设计管理果真有这样的魔力吗？大家可能难以置信。实际上，很多欧美企业早已将设计管理的理念落到实处并取得了成效。例如，德国的奥迪和保时捷、美国的苹果和谷歌、瑞典的伊莱克斯，以及英国的戴森等，设计管理的理念早已根深蒂固。不仅如此，本田原营业策划部部长小林三郎曾说：“本田宗一郎先生（本田创始者）所倡导的正是一种设计管理。”

以上提及的欧美企业和日本企业的产品，你能否从中感受到难以言表的决定性差异呢？我认为，造成这一差异的根本原因就在于设计管理，理解设计管理的捷径就是了解我本人写的这本书的内容。本书以实际工作案例为中心，介绍设计和设计管理解决了哪些课题。设计和设计管理正是大多数日本企业缺失的视角，因此，本书一定能给大家的工作带来很大的启发。

设计就像写情书

大家都写过情书吧？我觉得设计就像给幻想中的某个人写情书，不仅是设计，恐怕所有的工作都是如此。

“无论如何都要把自己的想法传递出去。”

在这一强烈愿望的驱使下，我们开始动笔，但转念一想：怎样才能把想法传达给她（他）？她（他）能理解我吗？怎么做才能让她（他）喜欢我？什么时候交给她（他）好？

不知不觉中，我们想要传达自己心意的冲动转变为替对方考虑的慎重，或者可以说是在为对方考虑的基础上重新反思自己。一遍遍修改措辞，拜托朋友递送，想尽一切办法传达心意，恐怕连自己都会被如此费尽心思的思量震惊。

在写情书时，为了拉近与对方的关系而付出的努力、埋头眼前难题的专注、为了实现目标所倾注的心力、停滞不前时的反思等，以这样纯粹的心态和行动推动目标实现的做法，同样可以运用到工作当中。

我也曾在大型组织机构中工作过，因此非常清楚这些现状，很少有可以按照个人意识支配的日常业务，更多的是要按照指示工作。尽管这有违初衷，但这就是从属于组织而无法逃避的现实。长此以往，人会渐渐丧失自我意识，只为完成任务而机械性地运作，甚至会为了取得表面漂亮的业绩而投机取巧。虽然当初怀着一腔热情进入公司，但繁复的例行事务却可将其消磨殆尽。

随着计算机的普及，办事效率飞速提升，套用模型也变得轻而易举、理所当然。套用模型省时省力，不用冥思苦想，但是，每一个需要设计的内容和体系应该是迥然不同的，所以每一个设计方案也都应该是不可复制的。尽管模型可以提供方便，但无限度地复制和迷信权威会磨灭自己的思考，个性也会日渐泯灭，以至于本人渐渐意识不到自己是谁，想做什么，又该做什么。这对于一名职场人士来说，是最大的危机。这绝不是危言耸听。

请再回想一下你从前写过的那些创意迭出的情书，其实，设计与写情书别无二致，人类天生就拥有这种思考能力。在工作中，有时是面对面交谈，有时是和素未谋面的人打交道，但这种想要分享和表达的心情，以及强烈的情绪驱动下的那种激情，与写情书时的情感是相同的。

设计是一种情绪化

越来越多的企业管理者强调“今后是设计的时代”。之所以出现这样的声音，是因为当下混沌不堪，到处陈列着同质化的商品，卖场毫无新意，消费者看似有很多选择，却找不到一款非买不可的产品，企业也不知道该生产什么样的产品。将企业和个人两者的需求连接起来最有效的手段就是设计。

我从事设计二十多年，从中总结出来的结论就是，设计具有爆发性力量。那么，何谓设计的爆发性力量？我认为是其“触发情感的效应”。我在开篇提出的“情感、创造、设计”，就是“设计的要素是情感与创造”的意思。设计的力量不仅在于能够使生活变得更加便捷舒适，更在于可以进一步传达一种理念。设计能够实现理念的传递，只要有交流的地方，设计就能大放异彩。

那么，设计为什么能够传递理念呢？这是因为设计的目的就是让对方理解自己的想法，它能够通过调动多层次的复杂要素触动对方内心深处的情感，使对方震惊和感动。

今后的制造业发展不能再闭门造车，应该更多地考虑与消费者需求的匹配度。产品只有满足了消费者的需求，才能让消费者不约而同地点赞。但现实是，大部分公司过度迷信数据，分析来分析去，拼凑出自认为合理的部分，不折不扣地按照数据结果开展工作，但这并不能给予消费者感动。不同公司的数据来源渠道往往大同小异，基于这种分析整合提炼出来的概念便很可能与竞争对手趋同。缺乏独特性的产品，不可能给予消费者惊喜，甚至永远都不可能摆脱沦为大众产品的命运。

我认为，企业如果能够引入正确的设计理念，就能走出这种恶性循环，然而，传统的做法与这一目标相去甚远。所以，只有正确地运用设计与设计管理解决问题，才有可能实现目标。

从知识时代走向知性时代

企业的当务之急是“引进设计战略”，比如，运用设计的思维，就可以形成结果导向的意识，由此明确目标，提出全局性的建设性构想。与此同时，只要将各个环节的关键要素统筹到设计过程中，自然就能够整理出整个计划的脉络。实际上，一个成功的计划所考虑的绝不仅仅是生产什么产品的问题，还需要考虑如何挑选人才组建团队、公司内部的人员和条件是否充分、是否需要引进外部人才，这些内容也是至关重要的。想要创造出前所未有的价值，不仅需要找到全新的切入点，还必须深入浅出地阐释其内涵。面对种种难题，公司成员如果能够坚定立场和信念，就能够更加愉快地投入工作，进而创新思路也会层出不穷地涌现。创新的关键就在于“坚定立场和信念”和“敢于挑战传统”。

设计善于融汇杂乱无章的海量信息，并将其整合成一种设想呈现出来。而且，如果人们能够尝试着从设计师的视角去思考问题，就可以还原事物的本质和真相。社会一直处于信息爆炸状态之下，储备着大量知识和信息，而如今已经到了需要将知识和信息融会贯通的“知性时代”。所谓知性，不光停留在“知道”某一事物的阶段，更需要对其进行思考和判断。进一步来说，知性就是将感知得来的知识（经验）进行比较、抽象、理念化、判断、推理，进而理解其本质的能力。

创造全新的价值

如果要开创未来人类全新的生活方式，企业需要在原有的理性思维的基础上，加上感性思维方式，从而调动人们的惊讶、感动、喜悦等情绪，这两者之间的融合过程非常重要，只有这样企业才能实现可持续发展，进而提升企业（品牌）价值。

在具体行动中，我将其归结为“逻辑力”“感受力”和“热爱力”三大要素。

一、逻辑力=探索本质，重构计划

现在的企业过分重视数据，仅依赖数据分析提出的构想空洞无力，在讨论时对根本问题避重就轻，却对细节吹毛求疵，这样的计划从根本上就是无法成立的。

数据分析不是工作的目的所在，而且现在数据分析不像从前那样有优势了，因为信息来源很可能和竞争对手的相同，很难再发挥什么价值。当今时代迫切需要的是适应这个多元化世界的综合能力与统合多方面要素进行重构创造的能力，这就是当下社会必需的通用逻辑。

二、感受力=感性延伸，知性表达

现代社会物质条件极度丰富，单纯靠技术革新已经不能满足消费者的需求，开发者还需要注重产品带给人的美感体验，触动消费者的感性与感情；此外，能够带给人欢笑和感动的，幽默的、娱乐性的情节也令人期待，它们能为产品大大加分；人们不愿意关注那些单纯以制造技术为理念的商品。因此，管理者要有敏锐的感知能力，不仅要关注那些容易被量化的指标，比如性能、价格等，更要洞察到“喜悦”等情感体验中的潜在价值。

三、热爱力=无法量化，迫近人类本质

当今社会，物质和信息空前泛滥，高谈阔论是无法触动人们内心情感的。企业不需要以高高在上的姿态发表评论，而需要与消费者平等对话，在互动中碰撞、迸发出共鸣，这才是至关重要的。现代人追求的正是内心的富足安定，企业成功的关键就在于，对别人的心情感同身受，设身处地为别人着想，形成良好的人际关系循环。如今，“你幸福吗”这一关键词已经成为所有理念的核心。在这个物质泛滥的年代，人的意识和欲求层次都有所提高，不可能仅仅满足于物质层面。另外，被赋予幸福感的，不仅仅是消费者，还有倾注心血完成这项事业的人们，以及为促成这一项事业付出过努力的人们。企业要从整体上把握这层联系，将各种要素纳入到一个体系中统筹规划，设计管理的目标就在于此。

此外，设计管理能够激发大家探索自己身边的潜在问题的意识。在此希望大家阅读书中案例时，可以与自己的工作现实结合起来，如果能够从中受到些许启发，我将不胜欣喜。我也在此大胆推断，通过这本书，读者会对设计管理心悦诚服，真正意识到设计管理在平凡职业中化腐朽为神奇的力量，并且还是一条不可或缺的捷径。

只是，这一切都取决于个人的上进心和好奇心，尤其是那些勇于开拓新边疆、坚韧不拔、一往无前的人，我希望能够同这样的有识之士一起开创未来。

作者声明

全书围绕设计和管理这两个方面展开，为了方便读者深入理解，作者在第一章、第三章以及第五章正文后附录桥口宽先生的文章——《管理角度解读设计》，因为设计管理也是管理学科中的重中之重，附录这些内容也是为了便于读者了解，在此特做说明，全书其余部分则由田子学与田子裕子共同完成。

目录

01
设计与设计管理的作用

02
设计管理的推进与深化

03
实例解析设计管理（OSORO 篇）

04

实例解析设计管理（nasta 篇）

05

设计管理的引进

01

设计与设计管理的作用

何为设计管理

设计管理即首尾一致的设计

近来，很多企业开始意识到设计的运用能有效达到企业战略目标，具体来说，就是将设计性思维贯穿到日常工作中。我经常听周围人说想把设计纳入到整体运营当中，在实际工作中，有很多以设计推动工作的成功案例。设计的相关方法以及存在形式在不断发展，对企业甚至整个社会产生了深刻的影响，于是现在很多企业和组织都开始关注设计，并将其作为一种管理方式运用到实际管理当中。在此，我也衷心希望设计的价值和力量也能给广大读者的工作带来些许启发。

不知从何时开始，是产品就能赚钱的时代结束了。如今，消费群体被细化，消费者的需求难以捉摸，同时，还要承受来自新兴国家的进口廉价商品的猛烈冲击，这种发展趋势是世界性的，我们无法预测这种动荡会持续到何时。因此，我们希望设计能体现出两种价值，即在对产品的有形价值，如色彩和形状等进行改造的同时，也能创造品牌服务等无形价值。

如果希望设计在整体规划中大显身手，负责人需要着手解决问题的第一步，即制定战略，因为设计本身要求对计划的结果有所预期，尤其是多人开发新产品或进军新领域的开发计划，制定明确的战略至关重要。以设计为核心，制定可行的方案，并将整个战略呈现出来的过程就是设计管理。这个过程就像是编故事，按照整体规划确定一个主题方案，根据这一方案推进计划，做到随机应变，避免突然变更方向。

进入设计管理层面，为了不偏离主题，需要用设计的思维统括整体规划。这里所说的设计不是指色彩与形状等外观设计，而是积极探索人们内心深处尚未被开采的价值，最终达到以某种形式（商品与服务）呈现出来的目的的途径，最终可以将其总结为“具体的、创造性的计划（方案）”，并可以具体落到实际行动中。我将制定方案的过程称为“首尾一致的设计”。因此，也可以说，设计管理是“用首尾一致的设计战略性地管理规划”。

设计管理的职责

本人的工作是“设计管理”，我将一名设计管理者所承担的具体职责归纳为以下四点：

一、发现与提炼问题

把握企业历史、文化、环境，考察社会形势与周边环境，发现突出的根本性问题，明确应该解决的问题点。

二、重建框架

要调整以往的视角，转换看待事物的方式，创造性地提出与问题相匹配的最佳理念。不仅要改善既有环境，还要看到打造新环境的必要性，从而为解决新课题构建革新性方案。

三、创造新价值

赋予革新性的方案以具体内容，将新切入点直观地呈现出来，把这个过程当成一项创造，创造的对象可以是具体物品，也可以是工作方法和流程。

四、处理复合性信息

熟练掌握以上四个步骤之后，才能设计出最佳解决方案。如果说理性思维对信息的处理方式是串联方式，那么设计思维就是对多种信息进行并联式处理，在一个体系中对各个独立要素进行组合、拆分。

设计管理的效果

通过以上四个步骤的工作可以收到多方面的成效，在反复思考的过程中，工作变得更加有深度、更加有乐趣，人也变得更加具有创造力。在创造新产品与新服务的同时，还时常带来各种其他方面的收获。

明确愿景

在对本企业的优势和劣势有充分认识的前提下提出创新性理念。在这一过程中，企业考虑的不应该是临时的应急措施，而是要思考最终实现什么、怎样实现。举例来讲，你的工作是新产品开发，但你的工作不应该仅限于创造新产品。在当下的市场中，对于产品生产的导向性，市场业绩比消费者需求更有说服力。开发新产品本应是企业长期战略中的一环，在向消费者提供价值的同时维持企业的生命力。因此，首先要审慎考虑企业愿景是否明确，只有反复揣摩之后形成的理念才是最重要的，沿着这个思路开展工作才能给整个企业带来有效成果和协同效果。任何事情的开端都是至关重要的，如果从起点开始就偏离了方向，那么后果将不堪设想。设计管理所提供的思维模式有助于这样明确愿景。

激励团队

在明确愿景之后，团队成员对于自己想做什么、应该做什么就有了清晰的认识。如此一来，团队人员的最佳结构也会明晰起来。

当下多数企业组织都是本位主义占主导的纵向管理模式，这种各自为营的结构只是方便了企业内部管理，并不意味着这种纵向结构中的某个部门就可以承担起现代社会错综复杂的种种挑战，对此，企业必须上下一心、众志成城。企业要想通过新产品与新服务的形式解决社会问题，就必须跨越组织间的壁垒组建横向型团队。如果不能召集最匹配的人才，团队就无法高效运转，而一旦团队得到优化，个人与团队的活力都能被激发。由于管理者不可能对企业所有员工了如指掌，因此可以在提出计划之际发起公开招募，能够自荐参与计划的人至少是有较高积极性的。另外，即使部门内已有团队，如果可以明确企业愿景和工作意义，也一定能够激发大家的活力。

发掘人才

企业应该有效利用内部资源，可以像上面说的那样，在企业内部公开招募团队成员，但是，有时也会出现企业内部范围内解决不了的难题，此时可以将目光投向企业外部专家。如果愿景明确，就能够清楚地向上面表达聘用外部专家的愿望，将很有可能获得成本预算。而且，外部人才不受企业束缚，往往能够站在比较客观的角度审视方案，如此一来，就可以避免因为“企业的内部问题”导致计划停滞不前的情况；再者，外部专家没有既有观念，这是外部人才自身最有力的武器。

但需要注意一点，外部专家的工作职责不要与团队成员重复。比如说，我所在企业里的管理策划部门和研究开发部门经常邀请我共事，但我尽量避免与设计部门共事，因为需要考虑到同行间的自尊心与行事原则等因素。同一个项目中，如果外部专家和团队的某些成员担任相同职务，很可能发生意想不到的摩擦。因此，聘请外部设计师时，必须考虑到这个人在团队中的定位问题。

鼓舞干劲

我认为，成功的源泉是由专注与热情形成的信念。人们不应该把工作仅仅当成“rice work”（谋生手段），而应该是“life work”（毕生事业）。并且，在这种信念驱动下要对自己承担的责任怀有一种气魄，这是至关重要的。所谓气魄，就是一种越挫越勇的坚强意志与秉性，为了攻克难关，必须下定决心对横亘在眼前的障碍全力以赴。设计管理使得成员明确自己的职责，在团结一致推进计划的过程中，使命感越来越强烈，工作劲头也越来越足。

制定战略

设计管理的特征在于它从始至终地贯穿于整个过程，即从策划阶段到向社会输出产品与服务的整个过程。之所以强调从始至终的重要性，是因为我们需要将策划的初衷，即创新理念，直接传递给最终用户。因为产品是企业哲学、思想以及当下战略的投影，所以设计管理可以通过产品开发体现企业的战略，甚至是企业哲学与思想。

产品是企业单方面向用户传递的信号，因此必须保持其原生状态。能够与用户直接对话固然好，但企业不能向世界上的每个人都进行说明，所以需要通过一些特别的方式与用户取得沟通。但现状是，多个负责人分头传递，相关人员很容易遗漏原本应该传递的内容，或是对内容进行了额外加工。为了避免出现这种现象，设计管理十分重视项目流程从始至终的连贯性。我看到很多案例，它们只是热衷设计产品本身，却忽略了广告创作中的设计理念。这样的做法很多时候并不是有意而为之，只是这种纵向组织机构的存在导致设计理念无法一以贯之地执行。产品不是生产出来就大功告成了，后续的沟通跟进也非常重要。如果实施设计管理，就很有可能采取一贯始终的战略方案，具体实施于从最初的设计理念到最后与终端用户的对话方法的全过程。

推进创新

尽管我们能够看到社会上推进创新是一种趋势，但我也经常听说创新活动进展困难。为什么会出现这种情况？我认为首先是缺乏设计性思维，再就是没有认识到创新实际上是来源于创新者的思想。迄今为止的商业模式的视角一直停留在利用信息层面上，具体来说，就是借助数据分析最大限度地提高效率从而谋求利益最大化。客观地说，整个社会物质丰富程度的提高很大一部分可以归功于这一做法。但是，物质供给的饱和也带来了各种危害，虽然自动化生产提高了生产效率，但也让很多人丧失了劳动机会。为了削减成本，数据分析等经济活动也从发达国家向劳动力价格低廉的亚洲国家转移。

当前的形势是效率优先的发达国家一手造成的。率先觉醒的一部分人开始倡导不要再本末倒置、盲目追求效率，而是要从情感层面体察客户的内心需求。如果说左脑的分工是理性分析，那么右脑的分工就是感性理解，而设计的过程不仅要对知识和数据进行理性分析，还需要把握整体，做出直觉性判断，也就是左右脑的共同作用（图1-1）。因此，实施设计管理能够加快以思考为动力的创新。

图1-1：右脑与左脑的共同作用

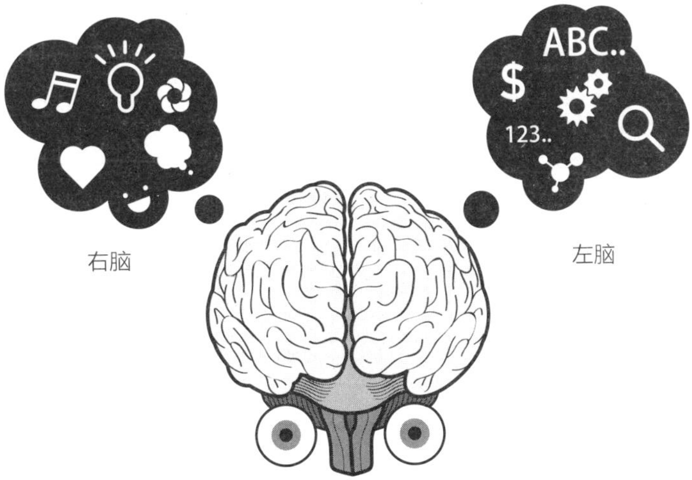

不盲目追求效率，而是感性理解内心深处的想法，将知识转化为知性，做出直觉判断。

深化思考

前言部分已经提到，设计管理的职责在于从企业的战略目标出发，提供创造性的方案（从始至终、实现整体最优化的方案）并付诸实践。要制定创造性的方案，就必须立足整体，使所有要素在一个系统中有序运转。系统本身就是由相互联系的事物构成的，所以可以说设计管理的任务就是统筹整体，使系统有序运行。

那么，大家听说过“系统化思考”这一说法吗？这是一种思考方法，即从全局的角度把握事物的因果关系，并以图表化的方式进行定性分析，从而了解事物发展的特征。但是，并不是所有的事物现象都可以用简易模型进行分析解释，因为有时会包含不能被量化的情绪性要素。所以，用设计的观点分析事物逐渐流行起来，这种思考方式也被称为“设计思考”。实施设计管理可以系统性地认识事物，还能把握不能被量化的部分，这样人们就可以从多个角度看待某一个事物现象，最终认识到事物的多面性，进而深化自身的思考。

改变生存方式

大家为什么要工作？当然，赚工资、纳税、养家糊口是一个很重要的理由，但工作存在的基础本应是使社会更美好的愿望，如果工作的目的只是满足个人生存需要就没有意义了。人的一生花费大量时间在工作上，大学毕业后马上入职，一直工作到60岁，需要踏踏实实工作整整38年，以一天8个小时来算，一年工作240天，那么一生的工作时间就是72960个小时。与此相比，陪伴家人、与朋友玩乐的时间就少之又少了。那么，我们应该试着更有意义地安排这宝贵的时间，使之变得更有意义。虽然平平淡淡、循规蹈矩的工作方式也无可厚非，但新鲜刺激、变化多样的工作经历绝对会让人更加快乐，让人生更加精彩。为此，最好自觉树立一种创造未来的工作意识，就像前人为我们创造了各种成果那样，我们也应该为下一代的幸福满怀热情地投入到工作中去。我亲眼看过很多人在这样的设计工作中日渐蜕变，并且是外在和内在都发生了改变。最初畏畏缩缩的人，随着经验的积累变得自信满满；有的人开始关注自己的形象；有的人洞察力变得越来越敏锐。工作中的我们是有人情味的人，不是冷冰冰的机器，人与人之间有时会发生碰撞，有时会一起流汗流泪，这样的经历都会开拓我们人生的新境界。其中有我们未曾经历过的震撼和内心的感动、喜悦，在这样的过程中，人能够实现持续成长。

把握本质

大家应该已经感受到了设计管理对事物本质的重视。“为什么会有那样一家企业？”“为什么一定要生产那款产品？”“为什么选用这个成员？”经常带着“为什么”去思考，不断地逼近问题的本质非常重要。设计管理的技巧是无法做成说明书进行说明的，设计管理所掌控的命题，即使运用工作表和大量的便笺整理信息也是无法得出结论的。我在设计管理中进行思考、分析的时候也会使用很多种技巧，但这些终究只是辅助性的手段。

事物绝不会呈直线型发展，而是在反复修正的过程中前进，这个过程就像养育孩子，往往是摸着石头过河，虽然一直朝着理想前进，但现实却是，身处起点的我们根本看不清目标在何处，兜兜转转，结果就是努力寻找目标并最终抵达。我认为革新性的发明也是如此，对身边的常识和传统观念时刻保持怀疑非常重要，要时常询问自己“真的是这样的吗”，并且对于自己为什么工作、为什么生存要有清醒的认识。无论是在工作时，还是在工作之外，都要坦诚面对自己，向别人展现自己的理念，这是今后社会发展趋势下每个人都必须具备的能力。认清事物的本质，保持进步的步伐，我们对事物之间的联系会有更清晰的认识，也能切实感受到这一本质如何帮助我们加快前进的步伐。

何为设计

设计，从“为什么”开始

你为什么购买了这本书?

像这样，经常问自己“为什么”。经常用“为什么”的态度理解问题是加深对设计管理、设计的理解并将其有效运用到工作中的必要条件。“为什么”的态度是好奇心、探索欲和上进心的体现，刨根问底的精神帮助我们深入事物的本质。并且，始终对身边的事物保持怀疑态度有助于打破既有观念，进而加深对问题本质的思考，这也将有助于我们更加清晰地认识到企业和社会的存在形态，以及自身所肩负的责任。但是，在每天的工作中刻意去探究“为什么”相当困难，太耗费时间和精力，并且，如果将其视为一项工作任务，有时就可能会违背自己的意愿，这种情形下的对“为什么”的探究往往会无疾而终。经历过几次这样的失败之后，探究的欲望和挑战的勇气会被慢慢消磨，最终不愿意再去思考“为什么”。

本书的读者一定都是有着强烈的进取心，希望自己卓有成效的工作成果能够使社会变得更加美好。我希望大家可以开始试着多问自己“为什么”，不断地审视自己的处境。这样的做法能够帮助我们简化一些问题和困难，并且进一步提出相对应的解决方案，最后落实到实际行动中去。所以，希望大家鼓起勇气，深入思考“为什么”，从这一步开始，我想你们一定能找到那些你们引以为豪的、想要去实现的事情。另外，这样深层次的思考有助于我们明确“为什么工作”“为什么生存”等问题的答案。

很多人在探究本质之前，会马上求助于“做什么”（what）、“怎么做”（how）的方法论，但这并不能彻底解决问题。重要的不是方法论，而是通过考问自己“为什么”去触及问题本质，设定正确的目标。

下节将详细论述“何为设计”，但准确来说，仅仅通过储备知识是无法将设计管理付诸实践的。设计是一项创造目前不存在的未知事物、为解决社会问题提供对策的活动，个人需要从感受力方面丰富自己的经验，从而将极其重要的理性和智慧运用到设计工作中。希望大家能够明白，仅靠坐在书桌前研读资料是不会创造出任何新事物的。对于个人而言，只有向自身投入，才能有所输出。

何为设计

要想真正理解设计管理，必须先理解何为设计。现在我们经常在各种场合听到“设计”这个词，被冠以“设计”这一头衔的事物也很常见。设计的力量得到关注固然令人欣喜，但我有时候怀疑人们是否真正理解设计的本质。

“设计”一词，从语言学上来说属于外来语，《现代设计事典》中的定义为：制造各类生活必需品时，不仅要考虑其功能，还要考虑美感与和谐度，以一个物品的形态或形式展现出来，对此进行综合性策划与设计的活动。“设计”一词被广泛运用于世界各国的各类正式文书中，但日语中没有与此直接对应的词语，这是因为“设计”这一词语本身就包含多重意思，包括外观创意、构图、计划、构造等。日语中对于“设计”的概念理解往往着眼于“外观创意”上，也就是在色彩、外形及装饰方面动脑筋的意思，因此设计师常被误解成“决定色彩与形状等外观的操作员”。

设计原本是指“综合性的策划”。欧美地区认为设计可以改善生活环境，属于一种社会性质的活动，因此自然地将其运用到企业管理中来，而且从小就对孩子进行设计教育，这一点相当了不起。而日本却将“设计”狭义地理解为“外观创意”，很少有企业将设计应用到企业管理中。可能正因如此，日本很少有管理与设计相互作用推进计划进展的案例。在企业组织结构中，设计部门往往被放置于事业部门的最末端。这一现象最典型的表现就是设计部门不折不扣地按照规定调整物品的色彩与外形。

设计的地位

最近发生了这样一件事，素不相识的制造商负责人突然给我发来一封邮件：“本公司拟开发新产品，期待您的到来。”我打电话询问情况，但通话后还是一头雾水，于是决定前去登门拜访。通常，我会向初次见面的客户展示自己的简历，以便对方了解我，那天也做了同样的准备。但刚一坐下，对方在既不清楚我的个性又不了解我的设计风格的情况下，就直奔主题说明新商品的规格明细，我感到有些不知所措，仔细听过介绍后才知道，原来是设计竞赛。

我表示拒绝参赛，因为他们显然是把设计师当作了操作员，对我发出邀请时也不告知我是出于竞赛的目的。把不了解实情的设计师聚集起来比赛，这足以说明他们并没有正确理解什么是设计。此外，负责人还介绍说，如果设计方案落选，将没有任何报酬，这一点也让我气愤不已。当时我脱口而出：“您把设计师当什么了？”负责人非常吃惊地回应道：“第一次听到设计师这么说话。”我相信那个负责人并无恶意，只不过此前大家都认为这么对待设计师是理所当然的。实际上，尽管人们表面上都很尊重设计师，但事实并非如此。

操作员与设计师的区别就好比新闻节目中的播音员与新闻评论员。很早以前，播音员只需正确、清晰地念出新闻稿，这就像是操作员的工作。但现在语言的影响力得到了广泛认识，新闻评论员在新闻节目中也可以加入个人见解。作为一名合格的新闻评论员，不仅要掌握“正确、清晰地念稿”技能，还要展现出评论个性，对节目的风格与内容等进行综合设计。也就是说，新闻节目也运用了设计，如今，播音员也明显具有新闻评论员的色彩。

我曾经将企业的组织结构作为评价企业重视设计程度的指标。组织结构是表现企业理念与发展方向的重要信息，如果设计部门处于顶端，可以说明设计在整体管理中的重要性；如果设计部门远离顶端，被置于最底层，会令人怀疑在规划阶段是否运用了设计性思维。也就是说，根据设计部门在组织结构中的位置，就可以了解到该企业文化是更重视创造性活动，还是更重视利益而缺乏底蕴。

为了将设计充分应用到管理中，最理想的情况当然是设计部门靠近组织结构顶端，原因很简单——接近顶端可以直接传达意见，而如果远离顶端，设计部门即使有好的想法也很难传达出去。目前，这种状况较以往已有所改善，但仍然不够完善。

下面我要讲述的是20年前发生在我朋友身上的事情。当时，他以新员工的身份第一天到一家企业上班，事业部执行董事对他说“设计算什么呀”，言外之意是设计没什么用处。这是一家知名企业，但是当时很少有人认为这种说法不对。董事的说法是“工科出身的技术人员才有用，不必期待美术大学毕业的设计师们能有什么作为”，这些言论对于那些今后想通过设计改变商业、改变日本，乃至改变世界的有志青年而言，是对其自我存在意义的否定，这样无疑会打击他们的进取心。当时很多管理团队对设计的理解都十分肤浅，但随着时代的进步，设计的价值逐渐深入人心。对于广大消费者而言，他们最为期待的就是设计带来的附加价值。

狭义的设计（色彩与外形等外观创意）无法满足消费者的期待，因为商品外观创意改变所起到的效果只是一时的，企业终归要立足于更开阔的视野，进行长远规划，做出符合设计理念的真正意义上的创造性策划（从始至终的设计），并贯彻实施。

如果企业内有懂管理的设计师，最好将其放在管理团队中。但如果管理者能够理解设计的本质，认真听取设计师的意见，这样的企业也会发展得很好。

我将在第三章与第四章介绍成功案例。管理者的态度往往对工作的配合程度和最终效果产生巨大影响，即便是传统型管理者，如果向他说明清楚设计的重要性，他也会予以理解。这是一个必须理解的时代。现在引领世界潮流的企业是靠什么成功的？苹果、谷歌等就是设计主导型企业，因此得到了大批客户的支持，经久不衰。商界人士，特别是管理层，都应该对这些成功企业进行深度剖析与理解，加以借鉴。因此，我的结论是：好的管理者应该是一名设计师。

“不懂设计”是不负责任的话

以前，有位管理者这么说：“我不太懂设计，所以……”

他在项目策划会上张口就来了这么一句话。虽然从现场气氛来看，可能也包含了“所以就全权委托你了”的谦虚态度，但我对此非常失望，觉得这番话相当不负责任。至少我当时认为他没有正确看待设计，也没有意识到将设计导入管理的重要性。在这种案例中，即使运用了设计管理恐怕也不会有显著效果，因为整个企业对设计并不抱有期待，还很可能对设计持有质疑态度。因此可以说，很多企业对设计的理解还只停留在狭义层面上。

尽管这种局面使我对即将操作的项目产生了危机感，但我还是保持乐观态度——不懂的话，努力弄明白就没问题了。当我对这位管理者说出“一起学习吧”时，得到的回答却是“算了吧，我一点感觉都没有”。不知道并不可耻，缺乏学习的劲头才是真正的可耻。如同《苏格拉底的申辩》（柏拉图著）中所言，“不知道自己的无知，乃是双倍的无知”“认识真理，从认识到自己的无知开始”，我认为这的确是真理。因为正是这种观念的转变才能促使我们打开未知的缺口，创造新的可能性。我在这里想强调的是，如果想在自己的工作和企业的商业活动中运用设计，就绝对不能轻易说出“不懂设计”，这是不可妥协的原则。

你是设计师吗

专业设计师和外行人有什么不同？在于是否出身于美术大学或专业学校吗？我不这么认为。

以制造业为例，制造业生产某种商品时首先需要考虑“为什么要生产”，但令人吃惊的是，很多企业跳过这一环节，直接把生产商品当作目的，认为厂家生产商品进行销售就是商业经营。当然，企业经营计划中理应包含生产商品，以前生产商品与改善生活环境直接相关，这种做法是没有问题的。但是，当下的日本已经进入商品泛滥的时代，生产出滞销的商品就等于制造垃圾，这样的话还不如不生产。所以，必须先弄清楚“为什么要生产”。

设计师的工作就是对“为什么要生产”“应该生产什么”进行深思熟虑，在此基础上制订创造性计划。这样看来，似乎任何人都能够成为设计师，但在实施计划时，相应的管理不可缺少，并且需要重视实际需求——当产品更需要体现外观美感时，绘画者与外形设计者（狭义的设计师）需要更多地付出；当产品更需要凸显技术含量时，技术人员就要大显身手；项目的性质不同，有时销售专家与金融专家的作用也会不同。根据项目成功所需因素，在整个项目中按照设计执行计划，即设计管理。也就是说，谁都可以成为设计师，都可以进行设计管理。

设计师不是艺术家

在这一节，我想解释一下人们对设计师的误解。首先声明一点：设计师不是艺术家。那么，设计师与艺术家的区别是什么？设计师与艺术家都是创造者，这一点毋庸置疑。设计师的职责是考虑美感与和谐，将理念表现为一种具体的形态或形式，形成创造性的方案。而艺术家，从字面意思上看，就是创作艺术作品的人。更具体地说，是能够创作出表现创作者具有个性的作品的人。也就是说，创作活动本身就是艺术家的职业。虽然设计师与艺术家在创造兼具美感与和谐的作品这一点上是一致的，但是他们有着本质上的不同，最终表现为是基于客观条件的创造，还是源于主观情绪的作品，前者是设计师，后者是艺术家。也就是说，即便作品美不胜收，但如果不是根据客观计划创作的作品，其作者不能称为设计师，设计师自身也一定要意识到这一点。

这里我想说的是，如果产品的目标与计划不明确，设计就无从下手、无的放矢。把设计工作只当作外观设计的想法也是错误的。设计工作如果一开始就弄错了目标，其结果不堪设想。很多案例都能说明这个问题。当新产品销售额不理想时，就把责任全部归结到无法量化的设计上，而故意忽略根本问题，说什么“都怪设计得不好才会卖不出去”“竞争对手赢在了设计上”等，由此会无休止地陷入口水战。

当然也有设计师无法拿出最佳作品的情况，但公司聘用他一定是看中了他的设计创意。因此，在进行了充分的沟通、明确了产品的目标与计划（换言之，即企业战略）的情况下，绝对不应该再把全部过错都归结到创意设计头上。大多数失败的原因不仅在于企业缺乏坚定的目标与计划，还在于只注重表面的创意。如果企业有战略性的目标，且有计划地向社会输出产品，那么即使失败了，也可以分析出失败的原因。但是，一旦目标不明确且缺乏计划性，就很难分析出失败的原因，也就无法提出改进的措施。有分析反省的余地才有可能进行弥补，重整旗鼓，而如果没有分析失败原因的可能的话，那问题就无从解决了。

如果企业想把设计作为一项资产有效运用，就应该重新认识设计师这个角色，他不是单纯的色彩与外观的表现者，也不应该为失败承担全部责任。

设计即创造性的规划

设计可以表述为“创造性的规划”。以往人们将设计定义为“综合性的计划或规划”，但时代在不断进步，我认为现在的设计应该是“创造性的规划”，这样有利于大家了解设计的潜力。在这个错综复杂的现代社会里，最应该重视的就是自由和创造。

在管理中引入设计是为了革新管理。所谓革新，即创新，但今天的日本却难以产生创新。这是为什么？首先是因为组织僵化，20世纪90年代泡沫经济崩溃之后，日本管理体制的首要目标转变为“不做无利益的事情（避免失败）”，这种体制并不欢迎可能会带来失败的新挑战。因此，当下日本的产业成长迟缓，与持续进步的其他国家相比，可以说是已经陷入衰退的境地。尽管人们高呼“创新的必要性”，想打破僵局，但创新还是举步维艰。因为管理体制仍处于僵化状态，即使个人有创新的意愿，实际操作起来也还是难以实现。

土光敏夫先生曾经先后担任石川岛重工业与石川岛播磨重工业的总经理、东芝总经理与会长，是昭和时代著名的工程师、企业家。他有这样一句名言："规划是表示'面向未来'的意思。所谓'面向未来'，就必须超越现在，具有不合理性，而且看起来是不可能实现的。如果是在现状的延长线上，具有合理性，而且是可能实现的计划，不如说是'预测'。'面向未来'的计划，本来就是困难的，但计划本身必须具有接受困难、向困难挑战与战胜困难的勇气。"

这确实是创新必需的心理准备。这里所说的计划并非以预定好的结果为前提，而是对无法预见的未来充满好奇以及创造的欲望。每次回顾这篇文章，我都会想，昭和时代的管理者真有气魄啊！我因此而坚信"规划=设计"而绝不是"预测"，正因如此才将其表述为"创造性的规划"。

要突破创新僵局，以设计为切入点是最好的做法。因为现代社会正被精密地细分为不同的群体，而设计性思维最适宜从多个角度对这些细化的信息进行理解、整合。而且我认为，能在理解复杂信息的基础上进行重新整合、找出最优解决方案的最佳人选就是设计师。一旦运用了设计性思维，即使是某种复杂的问题，也可以顺利地分析整理，从而纳入创造性的计划，这样一来，完全有可能为公司带来源源不断的创新，从以往经验来看，我对此深信不疑。

大家做出的规划是否符合莱布尼茨的"预定和谐"理论呢？希望大家可以用设计性思维看待事物，并积极地与设计师交流意见。

设计是一种发明

进一步来说，设计其实是一种发明，虽然这种说法可能有些出人意料。发明是指"创造出此前世上没有的新事物或新方法"，那么，以创造出新事物、新方法和新结构为使命的设计师就是发明家。

有的发明是从已有事物中派生出来的，有的则完全是独立设计的。在原有事业基础上再开展新事业也算是发明，而完全根据个人的见解与方法提出的新方案则更有可能带来飞跃性的发展。但是，讨论哪种发明更有价值是毫无意义的，最重要的是从企业战略的高度认识发明对公司发展所起到的作用。如果这种发明完全来自个人独立创造，因为全新的事物并不存在参照对象，就不能用固有的方法论和标准对其进行评价。而且，这一全新的事物能否被社会接受，在它刚被发明出来的时候是无从知晓的。我们需要认识到，一件没有人见过、体验过的事物的价值要想得到世人认可、接受，必定需要一定的时间。正因如此，为了使顾客理解新价值，应该全面准备沟通的内容。

大家应该都听说过“从0到1的爆发性力量”，这指的就是发明。因为产品都有生命周期，在“1”出现之后还有很长的路要走。与人的出生、成长、衰老相同，任何发明都必然要经历几个阶段。因此，在向全社会公开发明时，准确预测其生命周期非常重要。

生命周期包括导入期、成长期、成熟期和衰退期（图1-2）。导入期从纵轴坐标的0开始，即事物诞生的阶段，之后是市场扩大、销售额增长的成长期，大多数企业在这一阶段失败。提供全新价值时，不仅要考虑使其切实贴合顾客需求，还要从导入期开始制定整个事业的发展方案。创造新价值意义深远，制定促进新价值成长的措施更为重要。然而，多数情况下，企业在设计的成效没有立即反映到

图1-2：产品生命周期

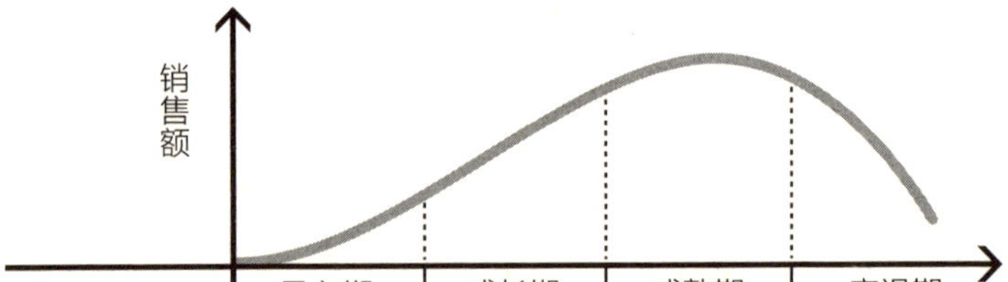

	导入期	成长期	成熟期	衰退期
顾客代表	初期用户	一般大众	后期开发用户	长期使用者
市场	小	扩大	大	缩小
销售	低	高	顶峰	降低
竞争	少	中度	激烈	中度
竞争的焦点	认知	市场占有率	顾客维护	转移
设计的焦点	功能调整	供给量与功能的调整	服务	转移

销售额上时就会对设计产生怀疑，于是急于转向新产品，寻找出路，而不是在该产品的导入期全力以赴。造成这种结果的原因往往是他们不理解生命周期与消费行为，也没有认识到宣传的重要性。短时间内频繁转换方向会动摇品牌的根基，使品牌形象日益模糊。

并不是把产品销售一空就算完成任务，还要预想其衰退阶段，以衰退之前取得充分的成果为目标制定方案。另外，还要时刻意识到产品的强项与优越性，同时思考下一步的行动，按照“长时间轴”这一前提进行持续设计。

再强调一遍，一项发明诞生之时，谁都无法断言其成败，经过一段时间的沉淀之后才能对新事物做出评价。因此，培育产品首先要对生命周期有所认识，并且要从公司的发展战略出发。

设计即认知重建

设计性思维的特征之一“认知重建”，也会对商业活动产生各种有利影响。所谓“认知重建”，即“改变认知事物的框架”，原来是家庭疗法（以家人为对象的心理疗法）用语，指的是不从单一角度看待眼前事物，而是通过扭转思维方式（认知重建）积极理解之前认为消极的事物。例如，在育儿中，有的母亲会消极地想“孩子这样无忧无虑真的好吗”，但有的母亲却积极地认为“孩子豁达洒脱不是挺好嘛”；当到达马拉松的折返点时，抱有“居然还剩下一半的路程”的人和抱有“这次的马拉松只有一半可以享受了”的人，在剩下赛程中的跑法也会截然不同。人容易在不知不觉中陷入消极情绪，此时如果能够从另一个角度看待问题，事情就会变得十分愉快。

设计性思维通常从探究“为什么”开始，能够自然地与既有观念分离，容易形成新的看法。人们在其漫长的一生中总是无意识地按照他们的既有观念去行动，意识不到改变的重要性，正因如此才需要进行认知重建，将精力倾注于如何使计划获得成功上。如果换一个角度看问题，之前的不利因素可能会转变为有利因素。但是，如果转换了角度仍然行不通，就需要当机立断，果断放弃。从全面的角度研究问题既能完善自己的认知，还能让自己胸有成竹地去说服别人。

人们需要在工作中积极地进行认知重建，重新构建其中的各个要素。如今日本产业钝化的原因就是过于依赖过去的成果，但时代显然早已不同，企业却仍然从固有的角度理解现状，因而忽略了当前的改变。那些只在以前的旧框架内讨论、历经多年仍找不到突破口的企业更有必要进行认知重建。

认知重建有多种途径，不必从零做起，以此前建立的事物为基础，保持企业的基本思想，灵活地理解事物，就能发现新的线索。因此，设计性思维十分有效，而以统筹全局、长时间轴为基础开展活动的设计管理也有利于打破旧的恶性循环局面。

但是有一点需要注意——认知重建不可频繁反复进行。企业频繁改变方针容易迷失方向，坚持企业基本的哲学与文化核心（本质），只在某些问题上转换思想即可。

运用设计思考系统

除了认知重建，还要考虑正在开发中的新产品与新服务将如何作用于顾客与社会全体，并逐渐发现其中的相关性。因此，我认为不能仅从产品单方面来思考设计，还必须考虑构成整体的过程，即构成系统的要素，这样才可能制订出创造性的计划。另外，在关注系统构建的同时还需要留意其中的美感。设计是诉诸情感的事物，每个部分的美感毋庸多言，作为一个整体的系统也必须是美观的。因此，设计的目标应该是整体最优，而非部分最优。

然而，令人遗憾的是，现在的设计以及设计师的职能过于细分，聘用设计师的雇用方，以及很多设计师也这样认为。可是，如今是“共创”（Co-Creation）时代，散乱的点式活动不能实现效用最大化。因此，在一项计划中需要有指挥官一般的人才部署全局。当下人们对设计的期待不再停留于外观设计方面的技巧与技术，更期待统筹整体的整合能力，而设计管理正是这样一种发挥整合能力、全面指挥系统的管理活动。

掌握多面化视角

现在，大家可以放松一下心情，我出一道问题。

问题：素描用_____画？

大家觉得空格处应该填什么？请试着从以下选项中选择：

A. 头

B. 手臂

C. 脚

D. 手

E. 心

我多次在演讲中提过这个问题。大家画过素描吗？应该在中学的美术课上画过吧！素描是一种将眼前的人或静物（题材）的形态与明暗对比描画在平面上的活动，追求对形状的准确把握和对阴影的写实表现。然而，素描的主要目的并非完成一幅技巧高超的画作，而是仔细观察眼前的景象，把握题材及其周边的各种信息。素描作为一种向第三方传递信息的沟通手段，可以说是一种写实性描绘。大学时期，我在美术大学应试预科学校做过讲师，发现很多初学者画素描时都是在座位上原地不动完成画作，他们刻意追求素描的技巧，但技巧却不是素描的目的所在。

那么，现在回到刚才的问题，我的答案是C选项，即“脚”。当然，从对眼前之物进行信息处理后再描画这一角度来看，A选项的“头”也没错；绘画的动作需要手臂和手的配合，因此选项B与D也是正确答案；绘画需要用心感受，那么选项E的“心”也是无可厚非的。但是，我还是要坚持选“脚”。

落笔之前捕获大量信息是素描中最为关键的步骤，为此需要调动所有的感官去切实感受构成眼前现象的要素，比如，主题的前后关系、质感与色彩，是太阳光还是人造光，光的角度与反射、影子的投落方式等。最好在题材周围来回踱步以确认其构造，触摸主体以确定其质感，还需要观察窗外，感受太阳的位置与季节变换带来的不同光色，从而逐渐掌控全貌，原地不动只从一个角度进行观察会遗漏大量存在于眼前的信息。所以，“擅长素描的人”都勤于用“脚”收集尽可能多的信息，可谓“脚下功夫好的人”。

为什么特意引出素描的话题？我想强调的是，看待任何事物都不能从单一角度出发，而应将周边环境容纳进来，进行多角度观察。不能仅依赖道听途说，而是要通过自己的双眼捕捉第一手信息，逐渐明确应该做些什么。设计师在从事设计工作前一般会经受这种训练，以成为具备多角度收集并重新整合信息能力的专业设计者。

从部分最优到整体最优

素描跟构建系统的过程相似，因为素描不仅局部描绘题材所在的特定区域，还追求整体的平衡，以整体的和谐统一为目标，思考应该如何完成一幅画作，这与设计系统的过程如出一辙。

如上所述，素描需要“多元化视角”与“重新整合的能力”，这正是很多人亟须提高的两方面能力。面对眼前的问题，大部分人的应对办法就是寻求捷径，比如，产品的销售额下降时，会追随竞争对手的热卖商品进行补救，但由于不能生产与对方完全相同的产品，所以会刻意做出某些差异，但这终究还是模仿。只有独创的立意才具有绝对的优势，对症下药方针难以帮助企业赢得品牌信赖，像这样采取短期措施解决某方面的问题只能实现部分最优。当然很多情况下也需要短期措施，但一定要立足于企业的长期战略目标综合考虑。

从长远的角度应该考虑的就是如何实现整体最优，它以解决某个问题为契机，构思可以给企业整体带来积极的影响效果的策略。在企业活动中，很多人都是利益相关者，每个人都希望从中得利。进一步来说，现代社会存在林林总总的问题，企业要义不容辞地挑起重担，此时设计性思维的作用就显而易见了，如果是具备“多角度对信息进行抽象整合能力”的人，就能够以实现整体最优为前提进行系统设计。

要想培养具备这等资质的人才，就必须改善日本的教育环境。在欧美国家，“文化学科”这种教育理念根深蒂固，其起源可以追溯到古希腊、古罗马时代。“文化学科”重视学生的教养，通过跨学科学习培养学生多元化的视角，使学生形成理性思考、分析与实践的能力。不仅大学教育，连小学教育也沿用这一套体系。从这一点就可以感受到一味地注重分科治学的填鸭式教育的日本与欧美国家在观念上的差距。

设计与名牌

“说到名牌产品，你会想到什么？”我曾多次问过这个问题，令人意外的是，很多人竟然认为自己与名牌无关，有人的答案是生产高级皮包的知名企业，也有人说出商标标识、广告战略。似乎有很多人即便不理解名牌的意义，但也相信它能够传递魅力。

我认为名牌就是“值得信赖的设计”。以前，名牌大多是指其商品特有的图案，或者是指使人感受到品质与身份的商标，或者说是其商品标识本身。例如，能够想起经营“香奈儿”“路易·威登”“爱马仕”等奢侈品的老店，以及知名设计师引领的潮流及其名下的产品。这些名牌的价值不仅源自其精美的外观，还得益于借助媒体的品牌形象战略——“有限人群的专属，普通人难以拥有”。20年前我从事设计工作时，每当说到“我是设计师”，就会被认为是“制造西装”或“制作广告”的人，由此可以得知消费者对设计的认知大多来自时尚潮流。

当然这也是过去的事情了。如今的生活方式变得多元化，物品也自然变得越来越精致。此外，在物质富足的时代，拥有某种产品给人带来的喜悦也变得淡薄。因此，所有利益相关者（消费者、从业人员、客户、股东、地方社会人士）逐渐开始通过产品关注企业活动，名牌从此不再局限于时尚领域和奢侈品行业。

在现代社会，企业的品牌源于人们对企业的信赖，比如优质的安全性能、完善的售后服务等，都是将企业理念落到实处的体现。由此说来，老店长年累月培育起来的用户信赖感就是名牌。名牌仅仅依赖商标给人带来的满足是难以为继的，它离不开利益相关者对企业一系列活动的支持与认可。设计管理既可以设计一系列的企业活动，又拥有赢得名牌信赖的力量。因此可以说，名牌是“值得信赖的设计”。

对名牌有何期待

名牌建立在被信赖的基础上，因而企业必须满足顾客的信赖与期待。企业满足顾客信赖与期待的态度以及具体的约定被称为“名牌承诺”。企业信守承诺，带给顾客满意的体验，逐渐在其心中树立起该品牌形象。

在物质充裕的年代，利益相关者对名牌的期待是什么？过硬的品质还是坚持不变的企业哲学？我认为如今更多人期待的其实是一种“Wow！”的感觉。“Wow！”恰如其字面，即“哇！”在物质与信息过于饱和的状态下，消费者发现新的创意时心跳加剧，沉浸在惊讶、感动与喜悦的情绪之中，“Wow！”表现的就是这样一种情绪。所以很多人对品牌都抱有“Wow！”的期待，而创新所带来的就是“Wow！”在打破既有理念、创造革新性创意的过程中，不仅是消费者，其他所有利益相关者都能享受到这份惊讶、感动与喜悦。这种喜悦不仅来自企业向市场投放的全新产品的价值，更源于缔造者亲眼看到产品孕育过程的成就感。

于是，这份喜悦与惊讶转化为消费者对品牌的期待，所以我认为企业只有源源不断地提供可以让人“Wow！”的产品，满足消费者的期待，才能够实现持续发展。保持努力回应消费者期待的态度就能赢得人们对品牌的信赖，这种思考的螺旋上升相当重要。因此，企业要不断推陈出新。

换一种说法，即人们对品牌的期待是“共鸣”。不管怎样向消费者解释理论，如果不能引起共鸣就不能使其产生兴趣，很难赢得人们对品牌的支持。比如说，为了推动社会的可持续发展而不断努力可以称作“共鸣”，因为每个人都有强烈的奉献社会的意识，致力于开拓创新——这种积极的行动也容易引起“共鸣”。如果创新所带来的新价值还产生了“Wow！”的效果，品牌的地位就愈加难以动摇。

我经常听到一些企业宣称“想成为人们热爱的名牌”。怎样才能得到人们的热爱？“互相热爱”的实现需要一定的时间与过程，第一眼就喜欢的不过是一见钟情，这是爱慕而并非爱。真正的爱是建立在信赖的基础上，需要无数次约会，花费大量的金钱与时间。正如本书前言中所写的，设计就像写情书，“为了让对方相信自己的真挚想法应该做些什么”就是设计的切入点。正因如此，想做出人们热爱的品牌，就要做“值得信赖的设计”。

图1-3：设计的层次

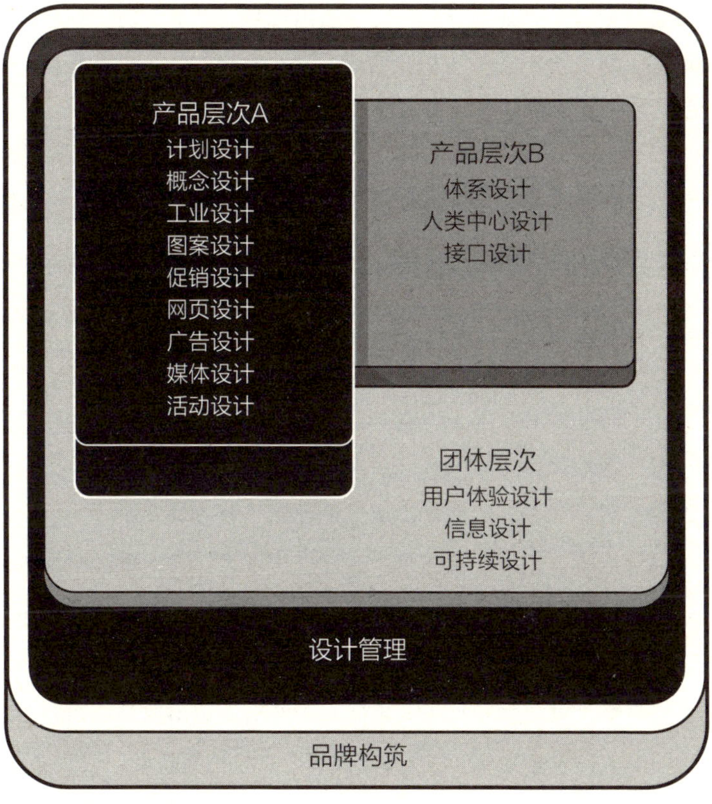

根据职能的不同，将设计详细分类，这些分类又被划分为多个层次，但设计管理可以统筹整个设计过程，借此实现设计整体上的一致。设计管理的成果以品牌的形式呈现出来。

设计的层次

大家知道始终一致的设计分为哪些层次吗？我把我的理解归纳于上图（图1-3）。近来，设计专业出现详细分工，涉及多个方面，该图列出的只是新产品开发过程中被称为“设计”的部分，相信以后也会不断涌现出图中未提及的新名词。

现在已经有繁多的职业种类，从另外一个角度来看，开发一款产品就意味着竟然要调动这么多专家的力量。因此，从策划一款产品到产品投放市场的过程中，团队活动比个人单打独斗更有可能创造出更高的产品价值。构成团队的可以全是企业内部人员，也可以包括企业外部人员。总而言之，要提升企业的价值、形象，就必须采用多个设计流程。

要让各领域的专家朝一个方向努力，首先需要找到负责设计计划的人。其次，要找到确立产品理念的人、将产品理念转化为最佳产品的人、设计包装和沟通的人等。这些处于有形物品设计环节的人都从属于设计层次中的“产品层次A”，而设计系统以操作产品的人、设计通畅的对话纽带的人等存在于“形态”之后（或其中）的人，则从属于“产品层次B”。

再者，从利益相关者角度来考虑，产品只是功能齐全、使用便利是远远不够的，企业还要向他们提供更高层次的价值，此时出现的就是“合作层次”，其中包括通过产品或者产品以外的活动渗透企业理念、获得社会对企业所做社会贡献的理解与认同等内容。值得一提的是，开展以实现可持续发展社会为目标的可持续性设计是全人类共同面临的问题，改善生活的设计与其息息相关。并且，各位务必铭记一点，企业的社会评价与其社会参与度密不可分。考虑到这些，设计与管理之间的必然联系就显而易见了。因此，企业要创造出使利益相关者满足的价值，就必须明确、具体地展示出企业坚定的理念、哲学和政策。

对这一系列设计过程进行管理正是设计管理的要领所在，设计管理的成果最终将以品牌的形式呈现给所有利益相关者。

为什么说当下是设计的时代

为什么很多人都意识到了设计的必要性？我想这是缘于日本产业的混乱不堪。“突破口在哪里？”“为什么不会产生新的想法？”很多人在思考这些问题的时候，便把目光落到了设计上。这是为什么呢？为了理解这一现象，在这里有必要梳理一下日本产业的历史（图1-4）。

图1-4：创造者以及能够引起他人共鸣的人成为主角的时代

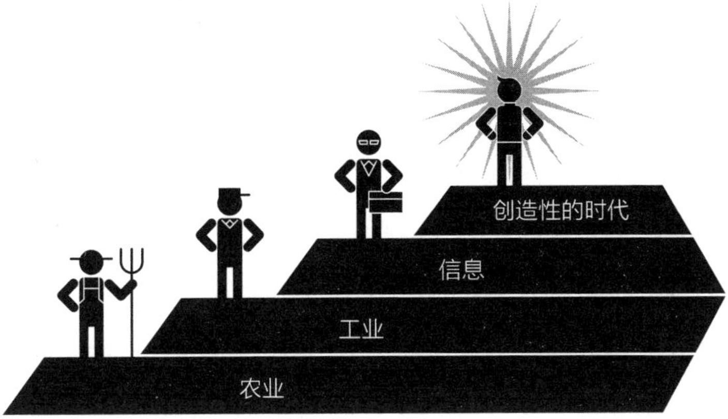

经过产业革命与信息化社会，今后社会需要的是能够满足人们内心需求、擅长“右脑思考”的人才。

在18世纪中期到19世纪的产业革命中，机器投入到工厂生产中，社会结构随之发生剧变。从农业社会进入工业化社会，大批工人出现，中产阶级崛起，消费社会成型，一直延续到今天。之前劳动者是批量生产的工厂里的中坚力量，但自从迎来了信息化社会，被称为“白领阶层”的脑力劳动者取代体力劳动者，成为引领发达国家经济发展的中流砥柱。脑力劳动者分析信息与数据，理性（左脑）思考如何提高经济效益的良策，却造成了现在物质泛滥的局面。对效率的重视加速了自动化进程，这样一来，一方面发达国家国内的劳动机会减少，另一方面劳动密集型产业也在向劳动力成本低廉的海外（发展中国家）转移。如今，发展中国家不断积累技术经验，努力培养赶超发达国家的人才，于是人力资源也变得同质化。

下一个时代的主角将是擅长“右脑思考”的人。右脑思考的产物是诉诸情绪的，具有感性的美，创意更是别具一格。在这个物质泛滥的社会中，人们所追求的不再是物质上的充实，而是内心的富足。因此，能够满足这一需求的人将在这个时代脱颖而出。丹尼尔·平克（Daniel Pink）在其著作《全新思维》（*A Whole New Mind*）中指出，信息化社会之后是“理念的时代”。继体力劳动者、左脑决胜的脑力劳动者之后，创造者以及掌握能够引起他人共鸣的资源的人将成为时代的主角。

基于设计的管理

在日本，设计受到管理者的瞩目还是新近的趋势，但运用设计进行管理的思维却不是最近才出现的，认为管理与设计相辅相成的“设计管理”作为一门学科存在已久。20年前，我在大学里学习了设计管理这一学科，已经开始思索批量生产时代衰落之后的出路。在此我对设计管理的起源稍做阐释。

“设计管理”这一概念与名称，大约确立于30年前，但起源要追溯到1907年在慕尼黑成立的德意志制造联盟（Deutscher Werkbund，以下简称DWB），这是一个为了实现批量生产而致力于推进标准化制造的团体，由企业家、建筑师、设计师、评论家等人员组成。该团体以提高德国制品的产量与品质为目标，可以说与德国的近代化政策（殖产兴业政策）息息相关。后来成立了包豪斯设计学院的沃尔特·格罗佩斯（Walter Gropius）曾经加入过DWB。1919年成立的公立包豪斯学校（魏玛王朝时期）凭借以机械技术为基础的综合艺术成为教育支柱，但因为第二次世界大战前夕时局动荡，不过短短14年就被迫停止办学。

第二次世界大战之后，一所具有强烈包豪斯教育风格的乌尔姆设计学院于

1953年成立。首任校长由毕业于包豪斯学校的马克斯·比尔（Max Bill）担任，从日常生活到社会活动中使用的所有物品（工具、机械、建筑、图像、信息）都被他列为设计对象。由乌尔姆设计学院及包豪斯精神培养的学生遍布49个国家，国际化色彩浓厚，因而享誉世界，一直延续到今天。我的母校东京造形大学的办学基础正是借鉴了乌尔姆设计学院的教学计划。它在1969年开设了“设计管理论”课程，是日本国内设计管理教学的首例。

在美国的一次学术会议发表中，首次出现了“管理与设计”一词，这也是“设计管理”一词的滥觞。20世纪70年代，市场开始重视企业的主体性、商品印象与品牌，企业的活动过程和形象塑造随之成为备受关注的管理对象。1973年，英国的皇家艺术学院（Royal College of Art）最早设立“设计管理”学科，20世纪80年代这一概念正式确立，1983年，东京造形大学开始采用“设计管理”这一名称。

之后，以美国为中心，世界各国开始倡导创造在商业中的重要地位。阿尔文·托夫勒（Alvin Toffler）在著作《第三次浪潮》（*The Third Wave*）中率先提出“继大量生产之后，一场脱离工业化社会的风潮和信息革命应运而生”；管理学的开创者彼得·德鲁克（Peter Drucker）也提到了现代的组织形态和个人的职业发展。现在再来回顾这段历史，我们会发现社会的运行轨迹正如他们预测的一样，现在那些世界上首屈一指的美国企业的成功也是理所当然的了。另外，都市经济学家理查德·佛罗里达（Richard Florida）在最近几年提出：“创意阶层”的人才引领世界经济。佛罗里达提出的“创意阶层”概念并非精英主义或排他性，而是出于对现有的“知识劳动者”“信息社会”“高科技经济”等概念的不满。他认为任何人都具有创造性，原来凭个人力量绝对无法实现的革新，却在现代社会被赋予了可能性。他还相信“创造力是我们拥有的最丰富的资源，它用之不竭”。

因此，设计性思维方式与设计性管理方法的出现并非偶然，它经过长期的酝酿，是伴随着产业发展成长起来的一套应用型管理方法。其中，设计包括产品的策划、生产、商品化、上市等价值创造的一系列流程，作为一种管理资源，它从很久以前就开始在企业形象塑造方面发挥着巨大作用。

有效利用设计

回顾历史，我们就能认识到，设计管理这一方法的诞生是历史的必然。在实践设计管理时，实现始终一致的设计至关重要，比如有形产品的设计就涉及整个过程，不仅有产品外观的设计，还包括最初的策划、组织、连接点、沟通等全部过程。

但在很多情况下，由于企业组织纵向分割的弊端，涉及设计的相关人员只是一味地“传话”，在这一过程中，理念发生偏离，完全无法沿袭策划之初的脉络。

如果不能准确传达策划之初的意图，就不可能向所有利益相关者发出新价值的信号。“为什么生产这款产品”“如何设计外观”“怎样传达给消费者”等，如果不能始终一致地把握这些要素，这类产品生产最终会沦为无法表达理念的、不明所以的垃圾制造。

如今倡导“将设计运用到管理战略中”，“设计”一词的内涵延伸与社会认可度可见一斑。因此，设计不仅可以创造物质层面的价值，还务必要记住设计与企业形象和品牌塑造方面的密切联系，在这一点上，设计管理相当于“知识性财产与管理资源”。此外必须认识到一点，即使在广告宣传上花费巨额费用以谋求品牌认同，如果意识不到对设计本身的价值进行投资的必要性，结果仍然是竹篮打水一场空。

归根结底，设计就是一种“通过产业解决社会问题的机制”，是一种实现社会体系、系统构成要素以及品牌体验等层面的最优化的手段。理解了设计的内涵与意义，管理、企业、组织、人才、产出都会因此发生改变，而对这些要素进行始终一致的设计与管理，即“设计管理”。

至此为止，我对设计以及基于设计的管理之所以有效的原因做了全面阐释，这些总结思考全部来源于我从事设计工作的亲身经历。下一章我将介绍是什么样的经验塑造了今天的我，如果能对诸位带来些许启发我将不胜欣喜。

管理角度解读设计1

设计管理的结构与体系

设计管理涵盖的范围极广，管理的对象分布在各个设计层次中。设计并非只担任管理这一部分的功能，也不是两者一小部分交叉重合的产物，设计与管理几乎遍及所有领域，难以分割，绝不能将两者孤立开来进行理解。而且，“将设计运用到管理中”这种想法也是有缺陷的，因为设计是创造性的计划，其实也就是管理，管理应该围绕设计展开，这可以称为“Design Centric Management”（设计主导的管理）。接下来我将对实践中的设计主导的管理——“设计管理”的结构与体系予以介绍。

设计的对象

比如，在开发新产品过程中，与设计相关的过程有哪些？答案是“全部”，自始至终的全部，即从头到尾都离不开设计。图1-5展示了新产品开发过程中包含的设计对

图1-5：新产品开发与设计相关的过程

Design					
过程	组织、团队	理念	产品	用户接口	体验与解决方案
设计的对象	项目团队内部成员与体制 外部专家与体制	基于用户观察的理念 理念提供的解决方案	创意（色彩、形状等） 功能	包装 卖场、待客活动 品牌网站、电子商务网站、社交网站、大众广告	通过接口向用户传递的体验与解决方案 对社会性问题的贡献

象。为了方便起见，我按照从左到右的顺序罗列了这一过程，但实际操作时需要反复回到组织与团队的设计中，也要回顾最初的理念设计。设计不仅局限于外观设计，还涉及前前后后多个领域，这一点至关重要。接下来我将详细介绍各个流程的内容。

组织与团队设计

设计的第一个对象是组织与团队，其内容包括任务设定、成员选拔、权限授予，以及时间轴布局等。可能看到这里你会质疑：这些流程真的需要“设计”吗？实际在组建设计团队之初具有这样的创造性意识十分重要。

人选与分工的确定自然是第一关键点，明确“和谁同舟共济”对项目的成败至关重要。另外，还要考虑到，如果有企业外部人员参与的情况下，愿景达成一致需要时间，完成任务也会比一般情况花费更长的时间。设计的任务就包括对这种个别情况进行细致周到的考察。很多企业对于这种组织团队的状况和任务特点欠缺考虑，混沌不清地下达指令：“总之要先开发革新性产品！”“制造差异化的产品！”“开发附加价值高的产品！”真是荒谬至极。

理念设计

接下来是关于理念的设计。通过对用户的观察与采访、站在用户角度的实际体验以及项目内的工作设法体会用户感受，深入挖掘用户的内心，思考开发什么理念的产品、给用户提供怎样的体验、为用户解决什么样的实际问题等。在落实产品理念的过程中会遇到重重障碍，虽然杰出的理念未必就能诞生出色的产品，但是出色的产品绝不可能源自陈腐的理念，设计理念这一步总是异常艰难的。

产品设计

理念明确后，终于来到了产品设计的环节（为了方便叙述，这里统一称作产品，也同样适用于服务与应用程序的情形），人们通常所理解的狭义的设计就是这一领域——把既定的理念落实到产品的外形、图案、功能与质感等方面。在这一环节，很多计划的项目将基本设计转化为产品时都会遇到困难，即生产成本与理念呈现之间的两难抉择，会在“稍微增加一点厚度也可以吧”“不做镜面化处理也可以吧”“换便宜一点的零件也可以吧”等数不胜数的问题上摇摆不定。这里没有绝对正确的答案，但是，如果只顾控制成本的话，最终生产出来的产品将会与最初的理念大相径庭。反之，如果一味追求理念呈现，成本就会逐渐膨胀，导致低收益率或者高价格的后果。管理者与计划团队绝不能妄下定论，要花时间去碰撞，化解矛盾，寻找解决方案。从这一步骤我们可以深切地感受到，设计也是很痛苦的过程。

用户连接点设计

继产品设计之后就到了林林总总的用户连接点设计，即设计可以使用户听到、获取产品信息的全部连接点。包装的图案与质感、商铺卖场的风格、店面的陈设、接待的方式、网络销售点的设计与风格、网站文本的传达及特点、活动的策划、通过Facebook和Twitter发布的信息、其他内部发布渠道（产品目录）、大众传媒曝光等，需要设计的连接点错综复杂。如果各个连接点不一致，就会让用户一头雾水。

有一种情况时有发生，就是负责理念和产品设计的设计师以及后续工作的负责人都被其他人（促销部门、店面陈设制作公司与电子商务站点设计公司等）替代。如此一来，就会出现类似品牌网站的设计按照三星级法餐的格调打造，但店面的设计却来自如同大众食堂一般的现象。各方面的连接点是连接产品理念与用户体验的重要桥梁，绝不可中途易辙。

用户体验与解决方案设计

最后是用户体验与解决方案的设计，设法落实概念设计阶段设计的用户体验和解决方案，验证概念是否已经实现，若两者存在偏差就要反复调整，逐渐实现产品（同样适用于服务与应用程序的情形）预设的用户体验与解决方案，最终促进对社会问题的解决。

不论有多么强烈的意愿想要设计出精美的产品，如果前一阶段对于组织、团队以及理念的设计敷衍了事，最终也是无法实现的。同时，不管设计出多么出色的产品，一旦与之后的用户连接点脱节，就不可能带来良好的用户体验。在开发产品的过程中，设计对象的范围极其广泛，秉承“始终一致的设计”至关重要。

现状认知与忘却

实施设计管理时，首先应该认识自己的现状并考虑今后如何改变。大家正处于什么样的事业环境中？原有事业的发展停滞，市场份额持续减少，竞争日益激烈，都是时有发生的，但仅靠削减成本和改善性能并不能打破现状。在设计管理中，认清自身的现状，客观、冷静、透彻地进行“超认知”，一旦认识到通过“完善现有的工作方法”不能打破现状，就需要改变传统的工作方法。

凭借与苹果公司的合作而闻名的设计与咨询公司IDEO，经常使用“Ways To Glow Matrix”矩阵对企业的创新活动进行归纳（图1-6）。这一矩阵以“既有产品或新产品”为纵坐标，以“既有消费者或新消费者”为横坐标，分为四个象限，在这四个象限中，几乎所有企业都予以重视、投入大量管理资源的是左下方的“渐进型创新”区域，成功品牌的扩张与传统产品的新模式开发都符合这一区域。

图1-6：Ways To Glow Matrix

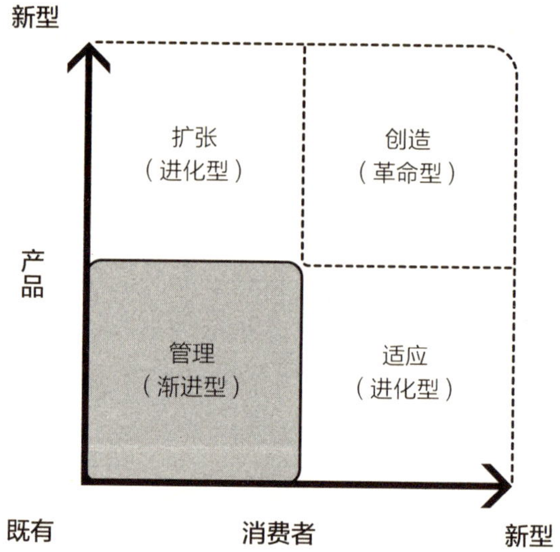

研究：IDEO

但这一区域的活动也只是对传统方法的完善，大多数成员会隐约感到，保持现状早晚会出现问题。如果人们能够客观看待现状，认识到事到如今必须改变传统工作方法了，就一定要迈出这一区域，学习新的方法。例如，第三章介绍的鸣海制陶的OSORO计划，它属于向新消费群体提供新产品的右上象限，是革命型的计划，也是摆脱传统做法、不断吸收新方法的过程。

一旦有了改变传统方法的念头，就会产生强烈的学习新方法的意愿，但在开始这一步之前有一件极为重要的事情，就是暂且忘却迄今为止已经习以为常的那套方法。以创新研究享誉世界的美国达特茅斯大学塔克商学院的维贾伊·戈文达拉扬教授（Vijay Govindarajan，通称VG，是本书著者之一桥口宽在美国达特茅斯大学塔克商学院攻读MBA时的恩师）提出，企业要发展新事业必须恪守三要素："学习""忘却（Unlearning）""借用"（图1-7）。

图1-7：发展新事业所必需的三要素

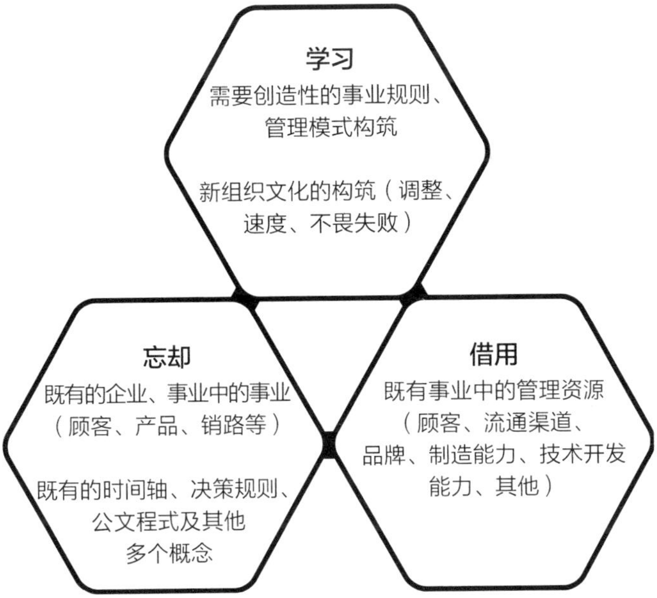

"学习"的内涵包括与创造新事业相适应的规则与管理方式、勇于挑战且不畏失败的企业文化、高效的工作方法、有效的沟通方法、与外部专家的协作方式等，都是不同于过去的方法。在"学习"之前必须"忘却"，忘却既有的常识，包括以前的时间安排、考虑顾客需求时的固定思维、企业内消极怠战的氛围等。

实际上，在鸣海制陶的OSORO计划中，我们也有意识地运用了"学习""忘却""借用"三要素（图1-8）。首先，在"学习"方面，在担任创新指导的田子学先生以及其他多名外部专家的参与下，新项目的开展十分顺利，我们也对用户体验有

图1-8：OSORO计划的践行内容

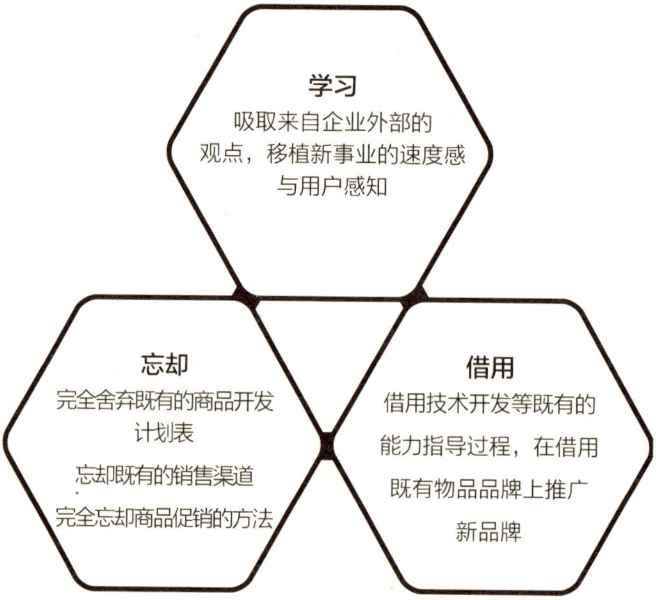

了新的理解。其次，在“忘却”方面，我们完全舍弃了从前开发新产品惯用的推进方式。以前的新产品开发都是为了赶春夏季和秋冬季这两个发布季，而且开发周期短暂，不足一年，但OSORO这次制定了有悖常理的长达三年的开发期；另外，我们不再采用以往的销售渠道（高级百货商店等），而是另谋出路，促销手段方面也是如此。

最后是“借用”，我们充分利用了以往在技术开发和样品试制方面的技术力量，生产流程也沿用已有设备与人员，发挥了制造过程中的既有优势；品牌打造方面也依傍于企业品牌拥有的历史和信誉，在此基础上大力推广OSORO这一新品牌。因此我认为，只有综合运用“学习”“忘却”“借用”三个要素，计划才能取得成功。

戈文达拉扬教授认为，很多企业原有事业领域与新事业领域在组织规则方面存在难以逾越的鸿沟（组织中有一些不成文的习惯、规范、价值观等）。

固守原有事业领域基础的组织重视规律与效率，表现为“规则A”；挑战新事业领域的组织重视创造性，表现为“规则B”（图1-9）。

“规则A”为减分主义，看重程序与形式，要求明确责任，详尽计划，满足现有顾客需求，追求可见的生产率，而不追求新想法或挑战新事业领域。“规则B”为加分主

图1-9：根据情况灵活运用两种规则

义，不拘泥于程序和形式，重视自由度与灵活性，对潜在的顾客需求进行预测，对未知的领域保持挑战的姿态。而且，在多数情况下这两种规则是水火不相容的。

“规则A”中，由于组织“保守主流”的特性，起主导作用的是总经理和股东等组织的高层人物，而“规则B”中则是由“支流”的年轻人承担重任。因此，以能力为基础的“规则B”偶尔会遭到批判、攻击。在刚起步的新计划中，“规则B”极为关键但也非常脆弱，就像易破损的工艺品一般。为了稳固新建立的“规则B”，需要设计一个组织，使之与“规则A”保持恰到好处的距离，将新事业领域与企业分离，使其独立于原有事业领域的组织，直接对接到CEO（最高管理者），选出企业内有实力的负责人进行掌管。在此还需补充一点，这里不是单纯地断言“规则A”不好，而“规则B”好，因为几乎所有事业领域都是靠“规则A”打下了江山。

在设计组织与团队方面有三个关键点：①认识到新事业领域与原有事业领域组织规则的不同；②在开展新事业领域时，必须忘却（Unlearning）旧方法，学习（Learning）新方法；③注意避免脆弱的“规则B”被原有事业领域破坏，同时“借用”已有的管理资源。如果运营计划时没有这种问题意识，就不可能取得成功。

即使不是设计师

“hands-on”（事必躬亲）和“hands-off”（不加干涉）表示不同的管理方式，是企业改造时的两种惯用手段（图1-10），也是设计师以外的人在进行设计管理时必须理解的概念。“hands-on”正如字面意思，是指事必躬亲的设计管理方式；“hands-off”与之相反，是指退居幕后、委托他人的管理方式。两者只是方式不同，而无优劣之分。

图1-10：管理方式概念：“hands-on”与“hands-off”

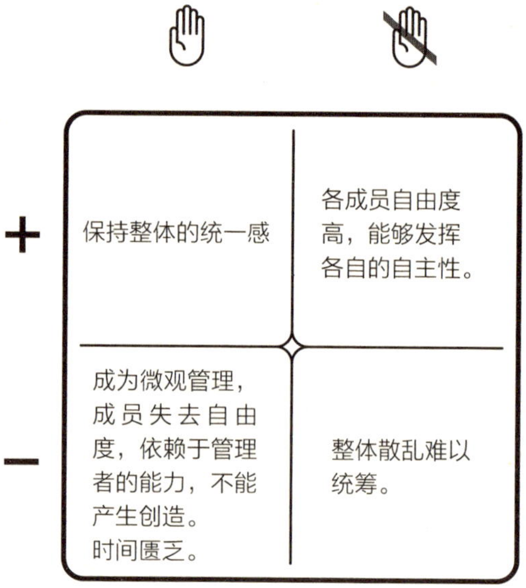

在“hands-on”的情况下，因为一个管理者直接管理全局，所以易于把握计划的整体并保持统一，同时也省去了磨合判断标准等细节的工夫。但是，它有可能过于事无巨细，致使成员的自由受限，难以发挥创造力。而且，团队整体的表现水平依赖于管理者的个人能力，很难创造出超越管理者能力的成果。再加上人的时间是有限的，往往会出现时间匮乏的情况。

“hands-off”正好相反，每个成员都拥有一定的自由，容易发挥创造力。但是，判断标准等细节容易出现混乱，缺乏整体的整合性与统一感，让人感觉像是乌合之众。

在实际的管理中通常会平衡“hands-on”与“hands-off”的关系，例如，重要的事情亲力亲为，不重要的事情予以放权，或者擅长的领域亲力亲为，不擅长的事情予以放权，根据具体情况灵活调整。“擅长的事情亲力亲为，不擅长的事情予以放权”这一模式就十分常见。判断什么情况下采用哪一种方式是一种哲学、一种策略的表现，虽然从理论上说两者的组合存在最优比例，但实际应用中并不存在适用于所有计划的绝对最优解（图1-11）。

图1-11：“hands-on”和“hands-off”的比例

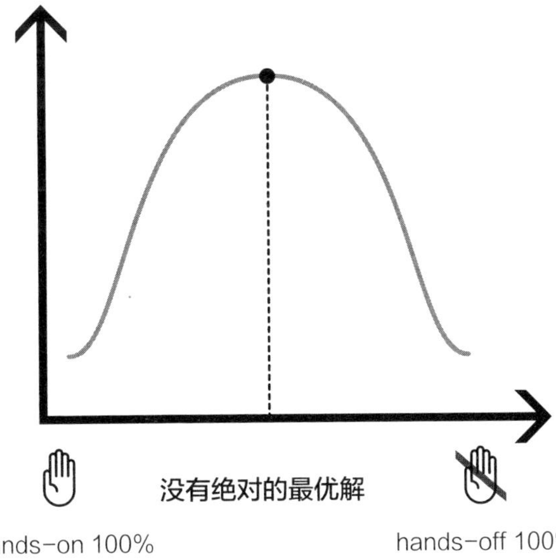

设计师以外的管理者涉及设计管理时，需要注意一些事项。很多人认为“因为我不是设计师，又不擅长设计……”，因而，条件反射性地采取“hands-off”的方式。设计外行的人确实不能设计外观，但设计的范围不仅不局限于此，反而是这之外更为广阔的范围。尤其在日本有着“外行不插嘴”的传统，因此，需要有意识地在设计管理中融入“hands-on”的思想，否则就会陷入“设计的事情全权交由设计师”的窘境。

设计管理中没有内外行之分，只要与此事相关，任何人都是专家。因此，管理者要采取“hands-on”的管理方式，让成员们带着主人翁意识（感知、承担、所有权）投入其中，只有拥有主人翁意识的成员才能创造出真正对顾客有价值的产品。

任何人都能够设身处地地站在用户、消费者、顾客的立场上考虑事物，如果连这一点都做不到，管理者还是主动引退为好。以“因为我不是设计师”为理由而撒手不管，这不是谦让的美德，而是一种推卸责任、规避批判的消极态度。这里我想强调一点，管理者需要以“hands-on”的方式，带着主人翁意识参与到设计管理中。

对“为什么”达成共识

安排好计划团队的成员，开始启动产品开发计划时，马上开始考虑“做什么”，制定产品与服务理念，或是直接开始讨论“怎么做”这一方法论层面上的问题，这种案例时有发生。

其实在此之前还有一个非常重要的过程，即团队需要就“为什么”达成共识。所谓“为什么”，就是探寻“为什么要设计这个产品”“为什么必须提出这个计划”，得出满意的答案后，计划才能真正开始运转。

这里可以参考西蒙·斯涅克（Simon Sinek）提出的“黄金圈”（Golden Circle）理论（图1-12）。

图1-12：“黄金圈”（Golden Circle）理论

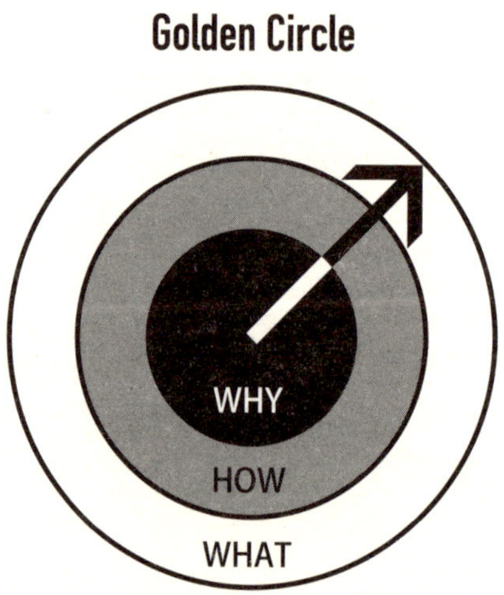

一个项目应该从问“Why”（为什么要这么做）开始，之后传达“How”（怎么做），最后传达“What”（做什么），但很多企业和领导者都直接从“What”开始切入。

西蒙·斯涅克提出，卓越的企业和领导者都是从问“Why”（为什么要这么做）开始的，之后传达“How”（怎么做），最后传达“What”（做什么）；与此相反，平庸的企业和领导者都是直接从“What”开始切入的。

以笔记本电脑为例，一般的制造商都宣扬：“我们家的电脑是一流的，工艺精美、操作方便，还特别亲近用户，不错吧！”只在这一“What”层面进行交流；而苹果公司则对外宣告：“我们所做的一切是为了改变世界，这是我们的信念，我们相信独特的思考方式将创造新价值（Why）。我们想用工艺精美、操作方便、亲近用户的产品（How）来改变世界，于是就生产出了这台了不起的电脑（What）！”苹果公司正是遵循了从“Why”到“How”再到“What”的“黄金圈”沟通方式。

这套思维方式在开展新项目和开发新产品中极其重要。在鸣海制陶的OSORO计划中，关于“Why”（为什么实行这一计划），我们的答案是——“希望解决忙碌的女性（及男性）的烦恼”“希望实现简单快捷的烹饪与丰富美好的用餐目标”“希望通过餐具为解决能源和水资源短缺等社会问题做出贡献”。OSORO计划最终的产品就是为了实现这些“Why”而展开的“How”，并最终形成了“What”。

要让“Why”在团队中赢得更强的向心力，一定要立足于更广阔的视角。

“为了使企业的业绩触底回升。”

“为了在几年之内实现多少亿的销售额。”

“为了让某位专务刮目相看。”

显然，这些“Why”能带来的团队向心力就相形见绌了（但不予以否定）。

尽可能想象产品或服务能够让终端用户消除烦恼、绽放笑容的场面，这样的“Why”就十分理想了。如果还能使人有“能为将来的孩子们留下美丽富饶的环境”这种关乎未来的畅想，团队的向心力则会进一步增强。

在长期计划中，团队的“Why”还能够成为解决各种问题与冲突的“纽带”。此外，在判断和选择面前犹疑时，它还可以让团队回到原点，因为关于“当初我们为什么选择这种做法”这一问题的答案就在这里。

团队达成共识的“Why”既是概念设计的基础，又是解决产品设计过程中反复出现的二律背反命题（例如成本与品质）的参照点；既是设计大多数用户连接点的哲学，又是像苹果公司一样在面对用户时发布信息的出发点。

团队达成共识的“Why”是贯彻设计工作始终的主心轴，相当于计划的脊柱。进行组织、团队设计时，一定要努力抑制住想马上进入“How”和“What”步骤的冲动，想想“我们为什么做这个”，花费时间达成关于“Why”的共识。

设计怪人设计师

希望大家不要问设计师“什么是设计思维”，其实我很反感“设计思维”这一提法，因为设计的本质不在于此。简单来说，只有非专业设计师的人试图用设计师的观点理解事物时才会用到这种表述。如今，管理、决策中倾向于以“数字”为衡量标准，很多人意识到这样并不能创造新的价值，转而关注设计，对此我不胜欣喜。但是，“设计”一词中已经包含制订计划的思维方法，又特意加一个“思维”就像重复叙述“设计设计”一样，弄巧成拙。

很久以前盛极一时的“设计家电”一词也是这样让我感到违和，产品不论创意的优劣，所有家电一律都被贴上“设计”的标签。但是，如果在日语中只称某些指定产品为“设计家电”，也让人感觉匪夷所思。实际上，正是因为这种“古怪日语”的“适时出现”，才让人们误解了设计的本质。

如今，我们对设计的要求再也不是表面上的狭义设计，而是通过设计实现真正的价值，创造新价值，由此促进社会良性循环。客观的理性与主观的感性相辅相成，催化出能够付诸实践的具体解决方案。另外，设计管理的目标不是实现局部最优，而是整体的和谐。

今后社会需要企业提供的是扎根生活、面向世界的产品与服务。而且，设计的过程必须直接作用于人们的喜怒哀乐等情绪，表达出整体的理念。因此，理解设计的本质至关重要。

所以，要抵制“设计思维”！一定要知道，这个词语只是停留在设计的表层，而永远无法接近其本质。

02

设计管理的推进与深化

在20年左右的设计工作中，我对设计管理的理解日益深刻。如今，设计管理受到瞩目，我经常被邀请做演讲或采访，我想这是历经各种挑战后积累了丰富经验的结果吧。相信购买这本书的读者都是希望设计管理对自己的事业有指导作用的吧。希望大家坚定信念，虽然这条路走起来并不轻松，但只要坚持下去一定能取得成果。其实，我自己投身设计20年也是这样一路走来的。

多年前，一场演讲结束后，一位年长的男性走过来对我说："你真是硬派啊，我现在才知道设计师原来是这样的。"

之前从未想过自己是硬派，即使到现在也不这么觉得，但透过这句话却可以深切感受到普通大众不过是把设计师当成了摆设，与此同时，我也愈加希望人们能够真正理解设计的本质。因为我相信，理解了设计的本质，并按照其本质制订计划，人们便能够探索出前进的方向。实际上，从我的自身经历中也有深切体会，只要将设计管理切实践行下去，总会取得成果。

来听我演讲的主要是管理者和项目负责人等管理层人士，说我是"硬派"的男性也是一家中小企业的管理者。在那之后，我强烈希望，不仅仅是计划的负责人，还有管理层人士，都能够更深入地理解设计的本质，同时通过设计的力量为创造新价值扫除障碍。日本不少企业为了打破事业停滞的状态，开始重视挑战创新的活动，但只有一小部分企业取得了不错的进展。我经常怀有强烈的意愿"试着做新的事情吧”，而且不仅停留于想，还付诸实践，最终取得了几个小小的创新成果，因为设计管理和创新的根基本就密切相连。

在这一章里，我将回溯那段立志成为设计师的时期，分享从那时到独立创业的一段经历。这些全都是我多年来一直对设计管理孜孜以求的亲身经历，因此，在此对“我是如何推进设计管理的”与“为此我进行了哪些思考，又是如何实践的”两部分内容进行叙述，希望从推进设计管理的角度为大家提供一些参考。

设计学习生涯

设计对我的启蒙可以追溯到我的幼年时期，父亲是设计师，所以我从小就浸染在创造性的世界里。父亲虽然在大学时期学习的是产品设计，但没有沿这条路走下去，而是师从日本设计界巨匠龟仓雄策，开始从事绘本的编纂工作，曾与著名绘本《饥饿的毛毛虫》（*The Very Hungry Catepillar*）的作者艾瑞·卡尔（Eric Carle）等人共同制作了许多绘本。在书上钻洞、给书本装轮胎，把平面的东西立体化，一直以来仅限于亲子间读和听的绘本，在父亲手里创造出了视觉、触觉上等多维度刺激感官的全新体验，这是父亲颠覆传统绘本理念的创新成果。可以说，我就是在这样新鲜刺激、以挑战和创新为荣的环境中成长起来的。

我对中学时期的美术课印象颇深，最难忘的是素描课。当时任课的是新来的女正教员，她让我们画“发动机”。一般的素描老师都会让我们画美术教室里的大卫等石雕、花或水果等自然物，还有桌上放着的生活用品之类的，没想到会让学生画“工业制品”，这跟那位女教师在大学学的是工业设计有关系。此前我从未想过艺术与设计有什么区别，但素描汽车零件让我意识到，设计也以推动产业与社会结构的进步的形式存在，当时我受到的冲击极大，想着自己如果也进入那样的领域该多有意思。

我从大学开始正式学习设计，1990年进入东京造形大学二类，大学三年学习的专业是设计管理。第一章已提及，该大学秉承了德国乌尔姆设计学院的教育理念，创始人是从1930年开始活跃在建筑、室内设计以及服饰等大众领域的桑泽洋子，她知晓包豪斯的存在并深受影响。东京造形大学的主页上有一段介绍：

> 在推进以功能性与合理性为目标的设计活动的过程中，她深切感到设计综合性基础教育与专业教育的重要性，为了成立教育机构而不懈努力，终于在1954年得到了远见卓识的教育家、艺术家、设计师等各界人士的协助，成立了当时具有划时代意义的设计专业学校“桑泽设计研究所”。为了打造更高水平的造形教育环境，1966年“东京造形大学”成立，桑泽担任校长兼理事长。

从这所继承了包豪斯思想的大学那里学习到的东西对我影响深远，我现在的思想体系的形成也多得益于那个时期。当时的设计学科分为一类和二类，一类主要是平面设计，二类专攻工业设计，但是，在前两年学生可以任意选择喜欢的课程。我特别享受这种自由，因为我一直认为用科目界定教学范围的做法不甚合理，反正我觉得有意思的东西就什么都想去学一学，大学中的学习就应该如此。

另外，我选了三年制的设计管理研究讨论课。第一章已经有所介绍，东京造形大学是日本最早将设计管理导入教育计划的大学。我在那里学到了很多，其中对“今后将进入多品类、低生产的时代”这一主张抱有浓厚的兴趣，它意味着大量生产、大量消费的时代即将走向终结。我深受启发，开始揣摩：这说明一种全新的竞争模式即将拉开帷幕，那这时候究竟什么才有价值？

当时我得出了这样的结论：只追求外在美的产品不可能融入关于社会责任的思想。企业还要探讨“为什么生产”这一问题的意义。而且，我坚定地认为，通过设计管理建立“生产者”“销售者”“使用者”三者之间的友好关系非常重要（图2-1）。

我在大学里不仅学习了工业设计，还修完了所有类别的课程，充分利用课程的自由选择制度，选择感兴趣的科目，以自己喜欢的方式完成了学习。这些经历为我日后开拓自己的道路奠定了良好的基础。但是，学校里也不乏不能适应过于自由的学校生活而迷茫的学生，甚至还有学生因找不到目标而休学或退学。到高中为止，被动地过日子也能混过去，但这所大学考验的是我们的自立精神。

图2-1：生产者、销售者、使用者之间的平衡状态

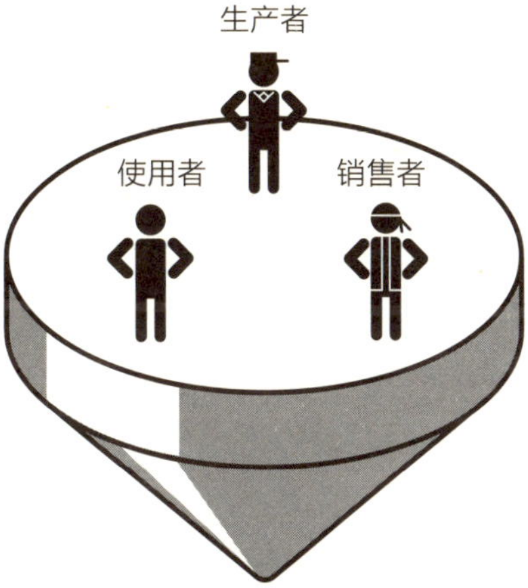

为了保持三者之间的和谐关系，必须以一种良好的平衡把各个要素联系起来。

日本人天生对自立与自由比较迟钝，即使到今天依然如此，其根源就在于日本的教育体系是建立在分科治学的基础之上的。但是时代变了，当今时代需要的是在专业领域以外还拥有高学识和高素质的人才，因为只有充分理解由复杂要素组成的社会结构，才可能产生创新性的真知灼见。这也就要求我们不仅熟稔自己的专业领域，还要对其他领域至少稍做了解，不断深化自己的认识。就像如果挑食就会营养不均，而均衡饮食更有益于健康一样，同时还能培养味觉，分辨好吃和不好吃的感觉，逐渐磨炼感受力。

最近听朋友谈起意大利的教育，跟我想象的差不多，在这里跟大家分享以供参考。朋友的女儿10岁，在意大利上小学。透过朋友的话可以知道，总的来说意大利的小学生就是非常忙碌。作业很难，以致放学都没法去玩，连父母都不得不陪同学习。实际上，在公园都看不到小学生的身影。就在那天，我们还在聊这些的时候，朋友说女儿正在为第二天的以“艺术”为主题的演讲准备材料而忙得不可开交。我问朋友怎么会需要如此这般严阵以待，朋友这样回答：“在总结与艺术相关的材料时，还要求先了解布置过的关于艺术、美术、音乐、文学、哲学、历史、地理等内容，必须从全面的视角来进行演讲。”这对于大人而言都很难。

我在惊讶的同时，又为如此出色的教育而感动。

设计最需要什么能力——用多维度视角把握局势的能力。欧美管理者之所以略胜一筹，大概也跟从小接受这种教育有关吧。“自由七艺”的基础学问观渗透于欧美社会中，“自由七艺”，即人所必须掌握的基础性知识和学问，是学习所有学问的入口，在培养学生素质的同时也能够引导他们自由地思考自己的人生意义。欧美的学科体系分为“艺术”（Art）与“科学”（Science）两大类，这与日本的文理科分类不同。艺术是人创造的，包括美术、文学、音乐、历史、哲学等；科学是神创造的，或者是自然主导的，即化学与物理等自然科学学科，以及经济学、心理学等。然而，经济学与心理学在日本都属于文科，这种分类不仅没有依据，也不利于构造人们开展社会活动以及激发自身创造性所需的庞大的知识体系。

虽然日本有不少大学也教“自由七艺”，但从根本上看，“自由七艺”是一门广泛的实学（对实际生活有所帮助的学问），还是应该从小开始学习。有教育家也说过：“（我们）最应该潜心修行的，是那些最贴近生活的日用实学。”掌握自然科学、政治、经济、医学、心理学、语言学、文学、艺术、哲学、法律、历史、地理等实用知识能开阔我们的人生，千万不可局限于“文科”“理科”的狭隘视角，而要带着广泛的学习兴趣投入到学习当中。

要点

√多维度视角是关键。

√不要偏科，要全面提升修养。

设计的根本在于理念

大学毕业后我进入了东芝的设计中心，一干就是13年。作为企业内部设计师初涉工业设计，由于人缘不错，得到了很多挑战自己的机会。在东芝设计中心学到的东西对我现在的工作也有很大影响，与此同时，对日本产业以及大型企业中存在的各种问题也有了切身体会。

在这里谈一段我负责家电设计时的难忘经历。

我入职东芝是在泡沫经济崩溃后的1994年。当时日本经济衰落处于最低谷，企业内的气氛也很压抑。当年，设计师组只录用了三人，我入职后没有被分配到心仪的“信息设备”部，而是被安排到了“家电”部门。虽然当时很沮丧，但在部门内不断的实践与学习中，我开始认识到家电的新奇之处。在任的第五年，恰逢新总经理上任，加紧了对家电事业的开发，我参加了与瑞典伊莱克斯（Electrolux）的合作设计项目，这段经历对我今后的发展产生了决定性影响。

这个合作项目意义深远，包括东芝与伊莱克斯联手开发优质产品，发挥东芝擅长的产品制造优势来生产产品，为伊莱克斯进军亚洲搭建桥梁等。这一项目最终创造出了“Electrolux by TOSHIBA”系列产品。

在项目初期，我只身前往位于斯德哥尔摩的伊莱克斯总部。刚由老医院改造的企业建筑给我留下了深刻印象，入口处有咖啡台，职员们在这里愉快地交谈。而当时我在日本的办公室却截然不同，入口为保障安全而严苛死板，办公空间呢，办公桌呈岛形排列，占据着偌大的地板面积，休闲空间的布置还算小巧整洁；我的办公室里照明灯光线刺眼，伊莱克斯的办公室则是柔和的淡光，营造出一种宁静祥和的气氛。我对这种为创造性工作精心打造的氛围实在是向往不已，也对两国之间的文化差异有了切身的体会，让我一开始就受到了猛烈的冲击。

我到访时正值休假刚结束的夏季，虽然上班的人还不多，但还是马上和相关成员一起就新一代吸尘器开发交换意见，并听取了对方“伊莱克斯何以打造有独家风格的设计”的主题发表。因为伊莱克斯是以全世界的家电制造为业务范围的全球性制造商，世界各地的成员企业实地参观斯德哥尔摩本部，倾听瑞士的产品制造哲学，由此构筑了“同一个企业”的理念。我从这里得到了灵感，对自己的工作也有了头绪。

在听主题发表的过程中，伊莱克斯在欧洲洲内也根据地域差异实行设计上的差异化，实行产品本土化这一点引起了我的注意。“产品外观也有着地域特征”，这跟语言是同样的道理。我开始认识到，设计有着表达某种意义的无声力量，这就有效解决了“如何使设计适应不同土壤”的问题，产品功能不变，设计上因地制宜。伊莱克斯正是这样，产品功能原封不动，精心打磨产品外观。

伊莱克斯的在职员工有一半是外国人，当时进行说明的会议组织者是英国人。各国职员都能接纳工作环境的多样性，并自然而然地将这种多样性灵活运用到设计中。

在我大致对瑞典设计、素材处理方法以及细节方面的设计思想有所了解之后，突然有一名职员问我："那么，擅长学习的东芝是秉承着什么样的哲学进行设计呢？"

我一时哑口无言，这时就算拿出从日本带来的一眼就能让人看穿的公司简介也不是办法。一切事务都原封不动地听从上头指示，这就是当时东芝设计部门的日常业务模式，这时要是问这是秉承的什么理念，我确实答不上来。当时在日本的家电市场上，相比制造商，专卖店和批发店的影响力在逐步扩大，因此，"怎么才能生产出比卖场上陈列着的竞争对象更夺人眼球的商品"这种短视的开发成为主流，规模竞争、价格竞争等不良风气遗留至今。因此，我在日常工作中并没有意识到自己企业品牌有什么哲学可言。关于日本产品制造的实况我怎么也说不出口，说不出是为了什么、为了谁在设计。那一瞬间，我为自己作为一名典型的日本工薪阶层感到羞耻，脸上火辣辣的，无地自容。反省过后，我自觉以结合日式风格和企业哲学融入到设计开发当中为己任，这时候终于把大学时期学的设计管理直接运用到工作中了。

我学生时代选择设计管理专业有两个原因：

第一，前面已经说过，"产品生产出来就能卖出去"的时代结束了，今后需要的是"直指人心的设计"，也就是关注社会的设计。

第二，我认为，比起在某一领域的深挖，广阔的视野和实用的知识更能发挥作用的时代来临了，平面设计也好，产品设计也好，拘泥于门类范畴毫无意义。我希望自己能够成为灵活变通的、基础扎实的、对自己的设计有十足把握的设计师。

虽然大学时期的理解没有在进入职场后运用到工作中，但在伊莱克斯的经历对我的触动让我幡然醒悟。设计造就品牌，而品牌只关注设计不注重管理也不能发展壮大。因此，当今日本的短板之处亟须改善，并且，我坚信，在不久的将来，设计以设计管理的方式来实现是最合适的。

要点

√关键是多维度视角。

√不是说外国的月亮更圆，首先要从自身需求出发。

无缝空调的问世

“大家家里的空调是什么样子的？”我经常在演讲中问到这个问题。

我是消除“分体式”壁挂空调正面嵌板缝隙的首创设计师，也就是提出了“无缝空调”的概念。虽然今天无缝空调嵌板已是司空见惯，但是曾经人们是无法想象空调嵌板无缝隙的样子的，因为这道缝隙是空调吸入空气的关键部件。

在我进入东芝的第四年（1997年），那时我被调离洗衣周边产品团队，转而进入了空调团队。当时的上司广井干也先生和我来自同一所大学，加上我们是汽车迷，有很多共同话题，因此给了我比较宽裕的工作环境。后来，在一场企业内部的开发前期研讨会中，我虽然年纪最小，广井先生却这么问我：“田子君，你想设计什么样的空调？”

他询问的竟然是我的个人意见，一般他会先总结市场和企业内部的情况，然后询问大家的想法。现在想来，那真是一个好极了的问题，我当即答道：“可不可以试着开发无缝空调呢？”（图2-2）

图2-2：简洁流畅的“无缝空调”

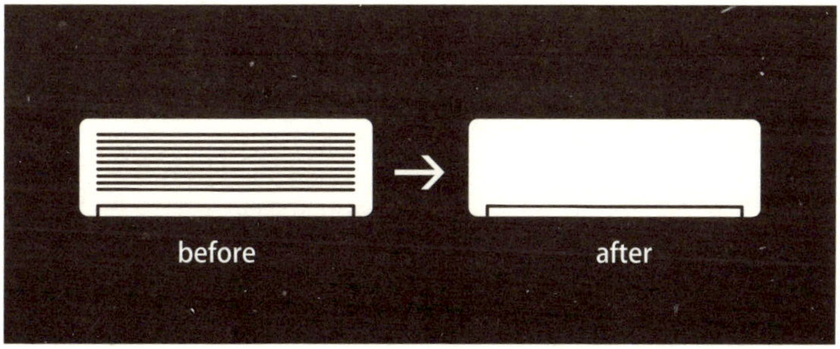

如今想来，那不过是一个刚分配到团队的外行小辈的建议罢了。空调带有缝隙的正面嵌板如同汽车中冷却水箱的前进气活门栅，是向空调内部的热交换器输送空气的重要结构，所以从常识来说，填平缝隙的想法就是天方夜谭，但是，没有一个前辈嘲笑或斥责我，这是多么理想的环境啊！

东芝于1961年领先业界推出分体式空调，在这段历史中，缝隙是设计师最棘手的问题，谁也无法避开它。当时笔记本电脑还没有普及每一位员工，也没有可以按原尺寸打印空调图纸的机器，因此对着描图器手绘原尺寸大小的设计示意图成了家常便饭。如今二三十岁的年轻一代可能无法想象，手绘比打印效率更高的现象不过是20年前的事情。

因为手绘的示意图（设计图）非常优美，能给人留下深刻印象，我非常喜欢，也十分享受描绘巨幅图面的过程。就像专业画师一样，面对着巨大的描图器（制图台），戴着耳机听音乐，在没有任何人打扰的情况下，专注地一笔一笔填充每一处缝隙，身体随之大幅晃动，整个人都融入了笔尖。精美的图面就像是一幅艺术作品，令人心旷神怡，时而眼里只有线条的流动，时而只剩下手的挥舞。虽然绘图很重要，但我有时候也会感到丧失了从整体把握全局的视角。关键不在于画很多条线，而应该是稍微脱离眼前局部去感受整体，并对周边环境有所想象。

虽然那只是我在长期的手绘填补缝隙过程中的感受，就这么不经意说出口的一句话，但广井先生却诚心接纳了。

“挺有意思的！可以试试！”

这就是空调革新的开端。之后，我好好地归纳了消除嵌板缝隙的种种好处，由此也就明确了这一设计的几大突出优势。

首先是方便清洁。缝隙中容易堆积灰尘，清理起来也不方便，灰尘堆积会造成堵塞，虽然使用说明书中建议每三个月清扫一次过滤装置，但一年能清理一次就不错了。如果这些缝隙变成一张平板，没有了积满灰尘的缝隙，清洁起来也方便了。

其次是提高生产效率。虽然缝隙的构造看起来简单，但因为要考虑到空气阻力，断面形状其实十分复杂，因此不得不使用复杂的金属铸型，如果是变成一张平板就能够降低这种金属铸型的制造成本，制造工序也被简化。

最后是改善室内空间布局。因为空调是在室内凸出的一个部件，很可能成为室内设计的障碍。空调这种有多条缝隙的结构，很难营造出雅致的室内设计风格。所以，我认为“靠消除缝隙就能营造空调与室内空间的和谐氛围”。虽然空调是空间上的添置物品，但也要与整体空间和谐一致。我在手绘示意图的时候，也能想象出空调在缝隙弥合之后正面将会特别美观。这，不正是消费者的潜在需求吗?

由此我更加确信了革新空调正面嵌板是势在必行的。“为什么要有缝隙”这种想法开始萌芽，我立刻着手画出示意图：外观简洁流畅，接通电源后，嵌板向前推移，吸入四面八方的空气。在企业内部的前期展示时，我用装入电动机的模型演示嵌板前移的空调。我们不仅设计了空调外观，还设计了其内部结构，反复摸索尝试之后终于亮相，向在场的人们呈现出这项设计的前景。

要点

√革新的最初往往乍看很荒唐。

√留心日常生活，总能发现消费者的潜在需求。

机缘巧合的团队构成

无缝空调的设计模型在前期展示会上好评如潮。因此，以三年后发行销售为目标，我们开展了“无缝计划”。但在当时，彻底去除缝隙结构无异于纸上谈兵，因为尚未出现与之匹配的技术。于是，我们利用日常业务之外的时间开展这项研究活动，就像回到了学生时代的社团活动一样。

现在想一下，当时团队主要成员的构成就是机缘巧合。总管制造工厂的主任原来是系统工程师，因为从事开发空调的时间不长，对于空调设计有灵活的见解；另外，结构设计负责人是音响设计的资深行家，当时恰逢音像时代由VHS（家用录像系统）向DVD转型，事业部刚刚解散，优秀设计师被调往各个事业所。因此，偶然有一位VTR（磁带录像机）设计师加入了我们的团队，VTR的技术人员擅长精密的结构设计。正是因为团队的成员都不是空调开发的行家，开发时得以不受所谓的常识束缚，配合十分协调，他们不断在技术上改进我在设计上的设想。

尽管如此，实现关键的无缝隙化这一步谈何容易。最初的目标是“零缝隙”，但在开发项目和日常工作同时进行的第一年，最终只将缝隙减少了三道。第二年总算减了一半，我还不满意，不想给别人留下半途而废的印象。

当时在持续进行空调无缝计划的同时，我也没落下日常业务，还加入到其他各种各样的计划中，与前面提到过的伊莱克斯计划建立联系也是在这个时候。作为一名内部设计师感受工作充实而快乐的同时，但也会有不知路在何方、停滞不前的时候。

此时，唤醒我内心的，是回忆起在伊莱克斯被问及“秉承什么样的思想进行设计”时自己面红耳赤的羞愧。而且，在迎接千年纪（2000年）之际，我下定决心要按照当初所想的计划完成设计，再加上上级的鼎力支持和优秀团队的努力，总算在第三年实现了无缝空调的商品化。我还亲自跟踪设计产品说明书。通常，企业内的设计师不会过问产品说明书的，但因为这次的产品是世界上的首创设计，一定要让说明书制造者对它的设计理念有充分的理解，制作出直抵消费者内心的说明书（图2-3）。

图2-3：空调的促销海报

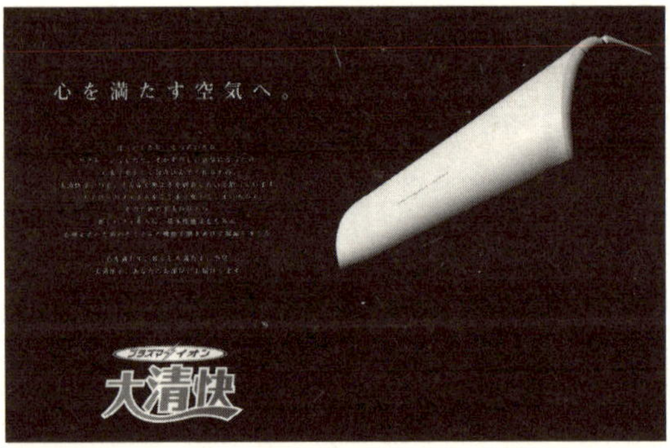

我们也参与了平时没有关联的促销海报设计。

公司内部团结一致，为夏季商战预谈会做好了万全准备，斗志满满，专卖店的人看到这一横空出世的空调会是什么反应呢，大家满怀期待。

但是对方的第一句话却如晴天霹雳。

“这不是空调。”

“这完全是异类，肯定卖不出去。”

完全没有从消费者的需求出发，这是我意想不到的。

但是，夏天终于到来，这种负面看法被证实是杞人忧天的。

大型商场的空调琳琅满目，只有东芝的新机种是新面孔，消费者纷纷被吸引过来。

“这是什么呀？”

“今年东芝最新推出的机型。”

这么一说，空调马上就卖出去了。这种设计果然是消费者梦寐以求的！最初不过是我源于对生活的观察萌发的奇思妙想，终于从消费者的实际消费中得到了证实。想想预谈会时销售员说的“卖不出去”是什么话！那名销售员靠着这款产品拿到了年销量第一名，获得了公司的业绩表彰。

但是，话到这里还没完，之后发生的事情更值得关注。好的设计应该是流入千家万户的，因此被模仿也是常理。在东芝无缝空调发售的第二年，所有厂家的空调都成了无缝款式。从那以后，商场里陈列的都是无缝设计空调了。

被模仿证明了设计很出色，应该值得高兴吧，但模仿也让无缝式空调成为东芝标志的愿望化为泡影。还能不能开发出不能被模仿、超越的作品？这是我作为一名内部设计师的强烈自尊心的驱动下所产生的想法。

要点

√朝着最初设定的目标勇往直前。

√即便遇到拦路虎，也要有势必达到目标的气魄。

√消费者是最理智的，他们会认出市面上最好的东西。

毛遂自荐的再生计划

在完成之后的笔记本电脑计划后，我作为东芝内部设计师的生涯画上了句号。想必大家都知道东芝电脑“dynabook”吧，东芝是世界上第一家生产出笔记本电脑的企业，虽然当时凭借B2B模式风靡一时，但随着B2C市场越发引人注目，其品牌认可度也受到冲击。此时（21世纪初）市场上备受追捧的国内PC品牌是索尼的“VAIO”系列，它的生活方式个性化战略抓住了消费者的心；此外，苹果第二代“iBook”的问世也加速了消费者市场的繁荣。苹果的创始人史蒂夫·乔布斯回归，推出了“iMac”，更新了操作系统，接连发布外观与质感都精美雅致的产品。当时，很多人都渴望买一台个人电脑来享受他们的工作和生活。

但反观东芝，即将迎来dynabook问世的20周年，却没有赶上B2C战略的潮流。在这种情形下，为了挽回消费者对dynabook品牌的认可，东芝启动了“dynabook再生计划”。在PC市场被其他公司瓜分殆尽的状况下，东芝作为笔记本PC的缔造者，也想凭借这一荣耀重新夺回其地位。此时的关键就在于如何挽回消费者对东芝品牌的认可。

计划伊始，东芝的设计中心并未参与，主导者是事业部，他们提出“简单、便携”的理念来革新品牌标志，还提出增加白色款式，希望通过这些改变来增进用户对品牌的亲近感。考虑到之前的电脑都是黑色或银灰色，新增主色不无道理，但是白色款的投入明显是对iBook的模仿。因此，我再也无法忍受这种状况，单凭以上做法，品牌不可能起死回生，显然也不会给市场带来什么大变局，只做表面功夫不可能让消费者得到满足。归根结底，这就是步人后尘的色彩战略，我愤慨不已，直接向上层毛遂自荐，请求批准由我承担第二年的机种开发项目。

于是就有了后来的“dynabook CX1”与REALFLEET MODEL的“dynabook CX1R”两种机型（图2-4），这是2004年的事情。

图2-4：dynabook的两种机型

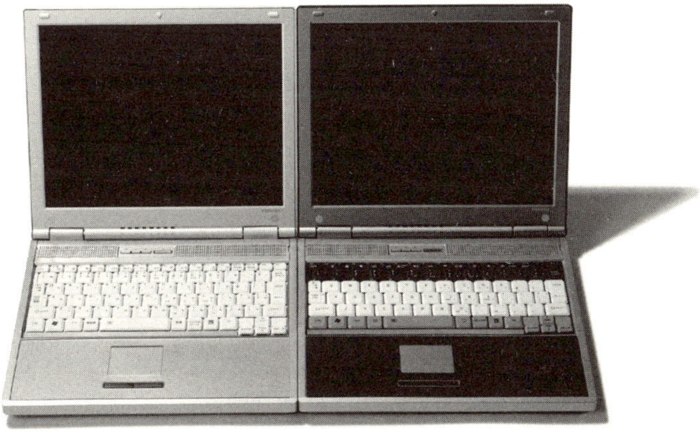

左/东芝dynabook CX1、右/ REALFLEET MODEL dynabook CX1R

大家听说过REALFLEET（当时总部位于东京）这家企业吗？可能我在这里说它是Amadana家电品牌的制造厂商，大家就容易接受了，其实那家企业现在已经改名为Amadana。REALFLEET是日本最早的独立家电制造商，由从东芝分出自立的成员创办。当时日本还没有确切的“生活方式”（lifestyle）的概念，但当时该公司已经开始以生活方式为理念导向生产个性化家电了。随着REALFLEET的活动范围的扩大，“设计家电”这个词语也开始登上杂志封面。我与REALFLEET的董事长兼总经理熊本浩志先生在东芝任职期间就已相识，见面之前就听闻“公司里有个想法很有趣的人”。后来，我在公司内部的“日本的生活方式”为主题前期展示会上做了题为“日本风格（生活方式家电系列）”的发表，借此机会有幸与他相遇，畅聊许久，并约定有朝一日可以搭档。初识熊本先生，我就将他对家电的那份执念铭刻在心，被调到笔记本电脑团队后仍然虎视眈眈，暗中等待着和他合作的机会，后来的敲门砖就是“dynabook再生计划”，我想这就是命运吧！

要点

√品牌并非只是品牌标志和产品外观。

√要着眼于根本性的问题，切勿投机取巧。

开发消费者期待的产品

为了复活dynabook品牌，我们考虑到第一步必须改变之前将注意力全部集中在销售者身上的状况，使得制造者、销售者与消费者之间实现均势平衡。无论销售者多么厉害，也创造不出产品，产品开发需要制造者孜孜以求，并带着使命感和荣誉感去进行；同时也要为消费者提供多种多样的选择。这一不言自明的理论在当时的家电市场上却不能成立——制造方唯大型销售商店（销售者）是从，大多数制造商不关注消费者（购买者）的需求（图2-5）。正因如此，在dynabook再生计划中，我将提升东芝的品牌价值设为开发主题，同时也有必要开展创造快乐（制造者）、传递快乐（销售者）、分享快乐（消费者）的活动，不是装装样子，而是要真正让制造者、销售者、消费者成为亲密无间、坦诚相对的好朋友，我认为只有这样才能建立dynabook新品牌，我们要努力向市场传递这个理念。

图2-5：三者之间失衡的状态

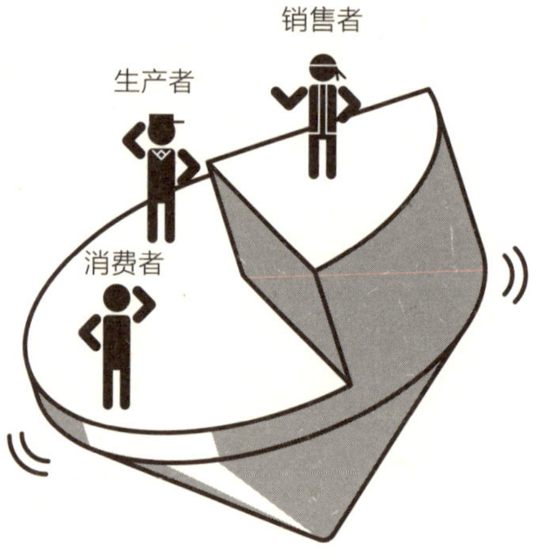

为了具体实现这一理念，我想到了与REALFLEET合作。当时，这家企业的产品自不待言，销售渠道、宣传手段等多方面配合下打造的独树一帜的品牌形象也

逐渐被市场认可。我认为，不论是大型企业还是创业型企业，都会有各自的优势和短板，但是，如果两者能够互补，朝着同一个目标携手努力，就能构筑双赢的关系，通过协同效应创造出全新的价值。我坚信，这一系列的活动不仅能够打破错误的市场观念，还能引领社会变革。

于是，同时发行了普通（东芝）款式（dynabook CX1）与REALFLEET款式（dynabook CX1R）。两款使用相同的金属模具，那么，我们如何凸显两种机型不同的特征？是否两者都采用华丽的外观设计？这是我们的研发重点。

当时安装了Windows操作系统的PC在生产上有相应的技术限制，很难与令人满意的设计融合在一起。设计师在构想外观设计时，也要考虑产品的内部设计。然而，零件的更新速度快，因此每次都不得不根据零件的调配进度，重新改变问题的着眼点。这样一来，在零件布局尚未确定的情况下，外观的整合工作就会非常棘手。但消费者和销售方都不会顾及制造商的难处，他们只会因为PC是随身携带的产品而极力追求外观的美感。因此，包括在大型销售商店热销的普通款式在内，我对生产制造层面上以往所有被想当然的情形都进行了重新评估，为了能够尽可能减少对设计的干扰而加强了对各个细节的管理。具体改善的细节包括去除关闭画面时的弹簧锁，背面改为平整设计，甚至对螺丝的接缝都力求美观。另外，就连任何人都未曾设想过的图标与字形的变更，我都进行了一连串的挑战。

这一系列挑战能够获得成功是因为采用了同时发售普通款式与合作款式的方案，通过推出能够打开全新销售渠道的合作款式提高了普通款式的完成度。如果策划时只提出普通款式，一定会陷入公司内部力争削减成本的局面，使得某些尝试受到阻挠。正是由于开发面向大型销售商店的普通款式与销售重点放在生活方式店等新渠道的REALFLEET款式这一“双轨计划”，挑战才得以成功。

在我执掌该计划之前，东芝销售的机型虽然打着“生活方式”的名号，但键盘的表面与其中的字形、图标、功能显示全都是过时的。既然标榜“生活方式”，就应该具有名副其实的精致，但那些机型还带着B2B模式下的生硬。打个比方，就像穿着时尚却粗心地忘记了化妆一样，让人感觉很不协调，这真是太糟糕了。局部虽然华丽出众，但整体不统一的话，就会让人感觉不协调而留下负面印象。因此，我决定在本次设计中对字形与图标也进行悉心指导（图2-6）。

图2-6：图标的重新评估

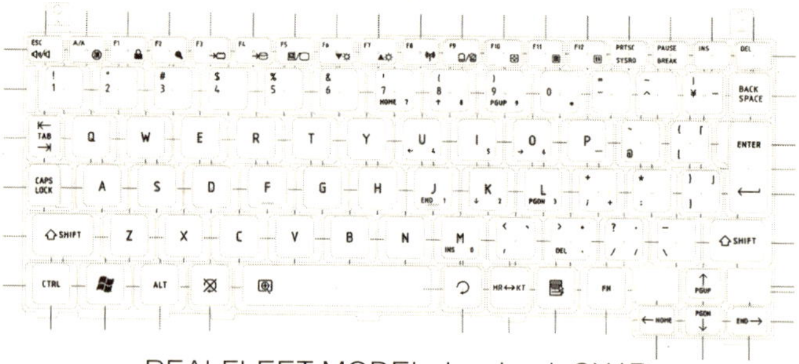

REALFLEET MODEL dynabook CX1R

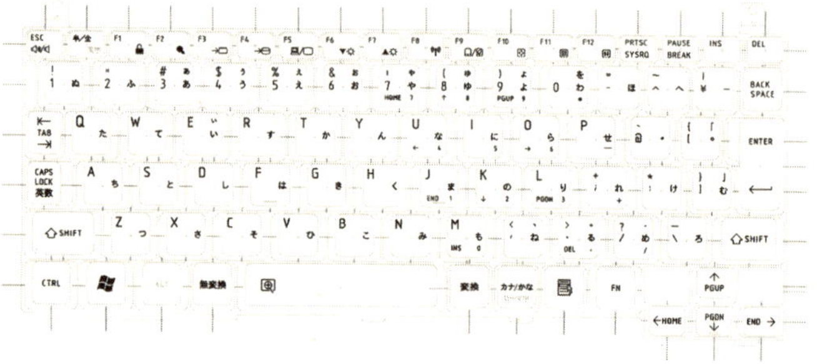

东芝dynabook CX1

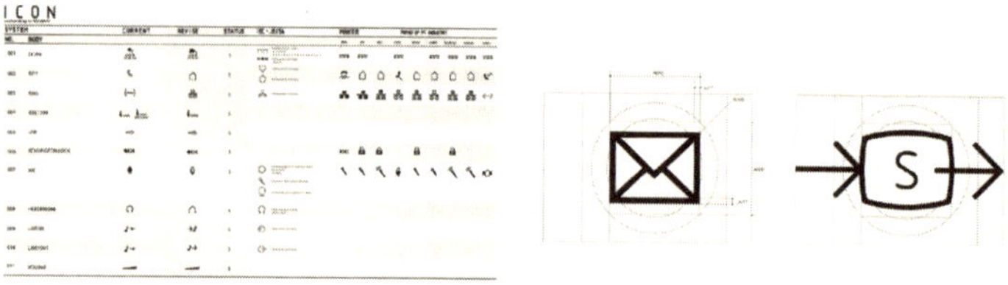

在dynabook再生计划中，对字形与图标进行了重新评估，不仅设计机身，也关注实现整体协调的设计。

其实，全世界的PC中使用的功能图标都不是在明确的定义下被确定的，更不存在所谓的国际标准。实际情况是这样的，每增加什么新功能，图标被某位设计师设计出来之后再逐渐普及，从而成为国际标准。因为没有受到统一指导，实际上缺乏设计的一贯性。

我在重新评估dynabook的用户界面时，首先梳理了其过去20年的变迁历程；然后调查了世界通用的PC功能图标，观察哪种图标最简明易懂、最受欢迎；最后又总结了字形与图标的制作规则，和图形设计师一起展开设计。这番精耕细作的功夫花费了我大量的心血，但踏踏实实地完成这项工作之后，我一并解决了长年累月积累的顽疾。

希望大家能在这里回忆一下第一章的内容，“为什么开发这一产品”，也就是说，正是因为贯穿了“为什么”的理念，这样费工夫的工序才得以开展。在从前以效率为先的开发中，很有可能被上层的一句“没必要”驳回，即使设计师主动做了也不会得到企业的认可，甚至还会被斥责不务正业。但是，我是这次计划的主导者，而且我认为字形与图标都是新产品dynabook中的决定性要素，即与“为什么”的理念相符合。正是因为这种理念的不可动摇，我们才会踏实地投身于耗费精力的工作中。

要点

√不要想当然地遵循公司沿袭的陈习。

√关注细节，追求真正想传达给消费者的理念。

市场是开拓出来的

另外，REALFLEET款有其独立的理念。不同于经典款，在家居店销售的款式符合崇尚流行和个人风格的消费者的口味，因此，我们要做的就是创造个性化“故事”。

REALFLEET从创立之初设定的经营方针就是——让消费者感觉“就是它了”，而不是“这个也行”，也就是要开发让消费者主动靠近、想要收入囊中的商品，最后达到爱不释手的程度，以此为设计理念开展活动，我十分欣赏这个企业理念。正如前面提到过的，“商品生产出来就能卖出去”的时代早已结束，模糊的价值宣扬不过是迷惑消费者而已，明智的消费者是不会被理念不明的商品吸引的。

为了将REALFLEET策划的独特构想付诸实现，我作为东芝的项目指导，为产品的细节设计和生产车间的调整等问题来回奔走。为了让项目大获成功，即使需要依靠企业外部参与策划，但也需要一名调节内外关系的指导者统筹企业内部，不可能全权交付，而且很多工序必须交给生产一线的熟练员工。此时我感到，与其我将初步构想描绘出来，不如从设计的角度去管理合作项目更有助于项目的成功，我开始想要尝试设计管理。

REALFLEET提出了“现代笔记本”的产品理念。皮质封面笔记本总是随岁月的流逝而弥足珍贵，因此这个产品理念也蕴含着希望消费者也能长久珍视手中的PC的心意，掌托用的是无漆的纯色真皮。在锱铢必较的工业制品设计中，成品率低的天然素材不受生产商待见，真皮的使用被当成制造业的禁忌。因此，将真皮应用到PC中的做法是世界首创。

键盘由三种颜色拼接而成，不仅视觉上赏心悦目，而且根据不同的颜色对按键功能进行了分类。键盘不用假名标记，而是用简洁的字母标记，这是因为我认为买这台机子的用户基本不可能想用文字处理机的文字配置进行输入（图2-7）。

此外，我们还制作了配套的真皮电脑包、铝制鼠标（罗技制造Logitech，只改变了颜色），沿袭了传统的世界时钟屏幕保护程序，并限量生产500台，印刻序列号，让购买到这款产品的人们充分沉浸在拥有这一产品的喜悦当中。

经典款（dynabook CX1）在商场的售价是160000日元，dynabook CX1R在家居店的售价是250000日元，尽管价差悬殊，“CX1R”还是瞬间销售一空，秘诀在于市场开拓方式上。如果将时尚的PC和职业套装放在同一个卖场里搭配出售，就会让人们联想到工作中的自己；和室内摆设搭配在一起，就会让人们联想摆放到自己的房间的情形。为了向没有接触过dynabook的人们深入介绍它，我们在全国成立俱乐部，并开展活动，由此获得了热烈反响。REALFLEET一如既往用心地站在消费者立场上与之互动交流，不是将产品生产出来往商场一放就可以了，而是描绘场景，形成交流，力求拉近与消费者的距离，追求场景的逼真效果。这是REALFLEET的独门战略，也是开拓新领域的重要推动力。500台说不上便宜的PC成品在20天内售空成为佳话，还带动了经典款销售量的增长，这些都是在我们计划之内的。一脉相承的设计得到了消费者的认可。

图2-7：REALFLEET MODEL dynabook CX1R

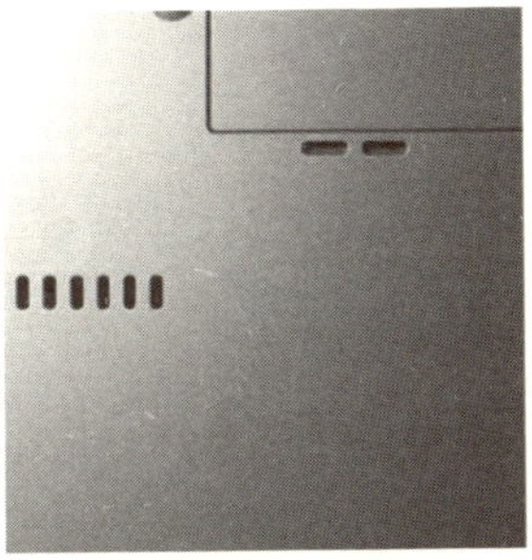

底部全平面

生产序号

开关造型统一

彩色键盘

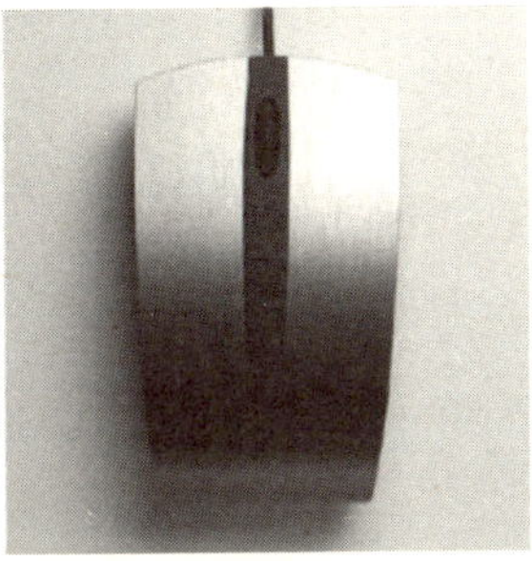

滑动鼠标

上盖无锁钩设计

屏幕保护程序

键盘真皮垫

大部分人一开始就对“蓝海”有所误解。与现存的竞争激烈的市场（红海）相对，没有竞争的尚未开拓的市场称作“蓝海”。未开拓的市场即迄今无人涉足的新领域，但是，很多人只是依赖像“那家店似乎味道不错”这种道听途说的信息而聚在一起。也就是说，很多企业对市场的判断都是基于同样的信息源，目光短浅地追求销售额。这种类型的企业往往只会模仿模范商品，由于缺乏独创性，早晚会深陷泥潭，这种情形无异于自投红海，这类企业最好早点醒悟。

我之所以在这个项目中倾注了很多心力，其实初衷很简单。作为一名东芝人，我想把使用dynabook的愉悦传递给没有体验过的人们，并且希望体验过这种愉悦的人能够口口相传，这就是dynabook项目中的“为什么”。另外，创业型公司的独家战术和挑战意志与老店的口碑和实力相结合，一定能碰撞出火花。这个计划一直秉承着这样的理念：市场不是被准备好的，而是自己开拓出来的。

“dynabook再生计划”取得成功之后，我从培育了我13年的东芝辞职，进入了以追求创造品牌价值为宗旨的REALFLEET。

要点

√指挥公司内部事务的岗位也可以对设计进行管理。

√市场不是一开始就被准备好的，而是自己开拓出来的。

高瞻远瞩

在介绍REALFLEET的活动之前，我想介绍一下与“蓝海”相关的插曲。

2001年11月，苹果公司首次发售“iPod”，此时，东芝内部议论纷纷——

“为什么日本的企业没有制造出iPod这样的产品？”

“与我们公司的终端的差别在哪里？”

虽然iPod的确实现了硬件上的革新，但光凭硬件不可能一炮而红（很多人误解了这一点）。准确来说，是因为硬件和软件的完美搭配符合消费者想要什么（Wants）的期待。消费者想要的就是符合自己实际需求的东西，这和大家常说的

“Needs”（需求）不同，“Needs”指的是由于匮乏而需要，但现代社会物质丰富，寻找“Needs”已经无从下手。与之相反，“Wants”指的是消费者尚未发现的潜在欲望。iPod从硬件的改造上让消费者“更自由地享受音乐”的潜在欲望成为现实。在此之前，日本引以为豪的发明——索尼的随身听实现的“伴随音乐行走”这一产品导向是主流。然而，为了让消费者更加便利地获取更多的音乐与自己同行，苹果公司创造了网购音乐的管理软件“iTunes”。

同样，很多人都误以为iPod与iTunes是同时发布的，其实iTunes的发布比iPod早10个月（2001年1月）。更值得注意的是，iTunes的前身是1998年发布的名为“SoundJam MP”的MP3应用，苹果公司购买了该专利，把它作为iTunes进行发布。也就是说，苹果的最终目的不在于硬件设备的发布，我们应该关注的是——苹果为了将iTunes投入使用而发布了终端设备iPod，实现了从“更充分享受音乐”的潜在欲望到体验价值的转换，我们可以感受到它的设计是一脉相承的。

iPod是无国界的，它得到了全世界消费者的认同。对于伴随音乐行走这一体验，出现更理想的设备是万众瞩目的，这时iPod的登场当然大受欢迎。人这种生物，天性是喜欢追求新事物的，不满足于当下，总是追求进步，在这种共同的潜意识之下，iPod与iTunes的问世可谓天造地设。

我从大学起就钟情于苹果PC，也亲身体会着它的这些变化。因此，当我在东芝内部极力主张“关键不在于iPod，伟大的是iTunes”时，没有得到管理层任何一个人的重视。由此，我想，就算全日本的生产厂商生产出独立系统的硬件来与之抗衡，都无法匹敌。

iPod于2007年升级为“iPod touch”。苹果的有趣之处就在于，它常常用自己的产品做实验，特意在尚未完全研发成熟的时候就发布出去，随着用户的使用体验即时更新。发售时配备的应用程序有四个：日历、YouTube、时钟与计算器。4个月之后新增发布邮件、地图、股票行情、备忘录与天气这五个应用，此前买入苹果产品的用户可以在iTunes Store中以2480日元购入这些新应用。当时用户对网络的需求空前膨胀，这一举动正好抓住了这一绝妙的时机。此后，苹果不断更新有偿或是免费的应用，迎合用户需求。由此可知，苹果公司的做法是事先制订计划，再等待实施时机。苹果公司的厉害之处就在于，它总能像这样布局中长期战略性方案。

但是，日本企业做不到这一点，基本不会在做产品策划时提出对未来有洞见性的方案。分析可能性的动态走向是十分重要的，但即使有人在方案里加入了细节分析，也常常会被当成微不足道的、多余的部分，会被勒令删掉，因为他们不会为不确定能否畅销、能否派上用场的东西而花费成本。“你说的利益能带来多少实际收益？”就在这种反复打压中让人失去耐心。管理者着眼的，不应该是眼前利益，而应该是立足于长远视野上的成长性战略。考虑长期战略时，如果公司内部在某些要素上无能为力，也可以引入外部人员，或借用外部环境。灵活处理的办法有很多，倘若一味地想着依靠一己之力反倒会自缚手脚。

再者，日本企业总是倾向于生产“成品”。现代消费者都具备自己探索、发现的能力，如果没有留下参与的余地就会让消费者失去许多乐趣。苹果，或者说史蒂夫·乔布斯的厉害之处就在于，不是一开始就向消费者提供“沉甸甸”的产品，而是从团队的共同目标以及普通用户的追求出发，从生活化的角度打造一个逐渐立体化的商品。在提出多个最佳方案的基础上，还必须具备根据优先顺序进行取舍的能力，这才是设计管理的根本所在。

我在日本也看到过这种苗头。大概一年前，一家互联网综合教育公司提出展开关于硬件开发的洽谈，我当时想，日本终于也要赶上这个浪潮了。就是到了今天，有些公司本身并不是拥有自己工厂的大生产商，但他们也会有自己制造产品的途径。产品制造是为人类的生活乃至梦想带来福音的伟大事业，我们要将迄今为止已经实现的事业和当下亟待克服的难题结合起来向前推进。

要点

√关键在于找到消费者的潜在欲望（Wants）。

√其次是充分地发散所有可能性。

打破条条框框

我作为设计管理总监加入REALFLEET，它一直以“打造未来真正的家电形态”为宗旨展开活动。

很多摆在零售店货架上的产品一眼看过去根本分不清是什么品牌（厂商），设计上找不出亮点。当下，产品性能竞争日益激烈，因此，很多商品强加了很多对于消费者无关紧要的功能。产品同质化导致消费者最终只能看价格做判断。因此，我迫切地想逃离出这种旧的藩篱。

当时，随便拿起一个电饭煲都找不出设计的亮点在哪里，现在样式多了不少，但当时每家公司的产品都如出一辙，几乎不考虑与室内装饰是否协调。至少没有人愿意把看起来像自行车头盔一样的产品放在自己家里，甚至放在厨房都觉得煞风景。这种设计完全从一开始就没有和实际生活联系起来，我对此一直心存抵触情绪，所以没买过电饭煲，从来都是用锅蒸米饭。人们要买的是真正想要的产品，如果只是因为便宜，却并非必要，也不经深思熟虑就购买，这个世界将变得多么诡异。这么说来，生产者生产商品时一定要用心，消费者也要购买喜欢并经常使用的产品。

之所以说那种消费行为诡异，是因为公司过于重视效率和眼前的销售额而粗制滥造出廉价产品并源源不断地销售出去。我从不在百元店[1]购物，对生产制造的内幕有所了解的人一定能理解这个价位出售的原因，别以为真的物超所值，直到现在，那些我都不敢相信有人要的东西依然陈列在狭小的店面里。冷静想一想，质量和价格匹配吗？还是低于价格？我也怀疑消费者真的是因为实际需要才买的吗。不断生产非必需的产品是极其恶劣的行为，而购买很快就不用了的产品就像不停地买垃圾一样，而且必然会对环境造成负担。大家心里是不是也冒出过“现

---

1 百元店：日本的百元店出现于20世纪80年代，店内商品从食品到生活用品一应俱全，商品价格均为100日元。

在日本的消费行为真诡异”这样的想法呢?

REALFLEET一心想要改良社会，在家电领域精益求精。它颠覆了此前的所谓常识，提供真正优质的商品和消费者真正想要的产品，并把它的理念传递给经销商与消费者，建立生产者、销售者和消费者之间的共赢关系（图2-8）。

图2-8：力量均衡的最优化

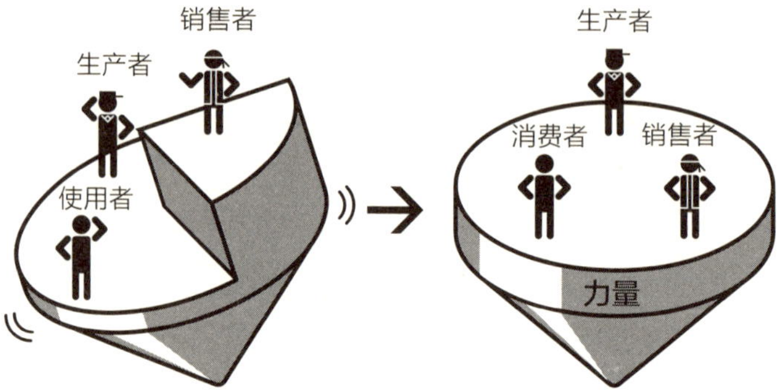

我们将销售的主阵地由街上的“电器专卖店”转移到商场，家电市场发生了剧烈变化。在商场里可以货比三家，还能马上带回家，为消费者提供了极大的便利，这是我们重视效率和速度的结果。我感觉消费者也不知不觉地开始在生活中追求这种趋势了。但是，随着电器专卖店退出市场，消费者和制造商的联系变得薄弱。而且，商场里厂家竞争日益激烈，逐渐忘记了为消费者提供价值的初衷，而开始竞相追逐销售量。商场甚至要求制造商生产畅销的、亏损也无所谓的“特价商品”。这种做法是在为谁生产商品？谁又会从中收获喜悦？无从得知！生产者、销售者、消费者之间的共赢关系无法建立。REALFLEET为解决这个根本问题成立了子品牌Amadana，以成为“不可替代”为目标。

要点

√需要重新审视原来的销售渠道是否最佳。

√将商品投放到最佳的场所，形成良好互动，才能发挥它本身真正的魅力。

人总是追求新鲜事物

我担任REALFLEET的设计管理总监，实际工作范围很广。

· 产品策划。

· 与制造商洽谈。

· 同外部创新的协商和跟进。

· 产品设计的实际业务、设计、生产跟进。

· 产品说明书、商品目录、促销用赠品广告等与宣传（PR）相关的印刷物管理。

· 品牌网点设置及部分流程制定。

· Amadana直营店的VMD（店铺的摆设）和POP（卖点广告）跟进。

· 客服窗口等。

因为是创新型公司，所以成员人数有限，最终我必须对产品生产过程全程跟进，每天都很忙碌，也遇到了很多困难，费尽周折。但在这里积累的经验让我对保持设计连贯的必要性和其中的艰难也有了深切的体会。

提起在REALFLEET的日子，话题总是离不开创新型公司特有的那种艰难。但是，亲身参与全过程的成就感是在大企业中无法体会的，能够把自己亲手创造的、如同自己的孩子一般的产品直接交给用户，还能听到最真实的声音，真是幸福无比，也让我感觉自己的工作很有价值。

我至今还记得接到终端用户的电话时的情景：

“您好，这里是Amadana客服中心。”

“我想说一下Amadana的暖壶。”

“请问有什么情况吗？”

难道是投诉？我一时心里发紧。

“我一直在找好的电暖壶，但一直没找到合心意的，终于遇到了Amadana这款产品，喜欢极了就买下了。”

“真是太感谢您的支持了！”

“我打电话就是来道个谢！”

“？！”

“今后也请继续努力，制造出色的产品！”

我惊讶至极！因为之前在大公司工作的时候从来没有跟终端用户交流过，更惊讶的是，打来电话的是80岁的老奶奶。虽然Amadana一直在探索新型家电，但从未想过能够这样超越年龄层的界限，得到如此广泛的认可。

人类的大脑具有追求新鲜事物的倾向，有专门的术语（neophilia）表达这种特性。大家有时候也会觉得现在经历的事情没意思吧？此时大脑追求的就是“新奇事物”。追求革新是人的天性，了解到新事物时会产生愉悦感。虽然没有深入追究我们的暖壶怎么讨得那位老奶奶的欢心，但可以确定的是，她一定从中感受到了迄今为止从未有过的惊喜。

人总是渴望成长，或许，Amadana的产品不仅承载了物质价值，还贴近了人们渴望成长的心情。

要点

√人总是追求新鲜事物，渴望成长。

√制造业务必追求常新。

熟知粉丝理论吗

我在REALFLEET获得的最宝贵的财富就是认识到人们总是追求“新奇”“乐趣”的事物这一点。也就是说，只有让消费者体会到乐趣，我们才能实现对产品价值的传递，才能让他们成为我们的粉丝。因此，我在这家公司任职时，每天都在谈论、思考的就是怎么做才能给消费者带来快乐。

“虽然穿西装本该是整齐利落的，但稍微敞开一些会让人更具魅力，也讨人喜欢。”

当时，总经理熊本先生用这个别具一格的说法来阐述我们品牌的定位。尽管产品是有规格约束的，但与用户的沟通则不必这般拘束，反倒是留点瑕疵更有人情味。Amadana想成为这样的品牌——一个由公司全体成员团结一心打造的有温度的、轻松的品牌，这是十分了不起的，品牌理念已经渗透到了公司的方方面面。

实际上，当时的设计家电市场前景大好，但没有人情味的产品不计其数，不少人看见新奇的产品心里会打怵，觉得门槛高，因而望而却步。在这种背景下，REALFLEET的战略目标注入了新的成分，也就是打造更惹人喜爱的、有人情味的品牌形象，在设计上进一步力求引起共鸣，这一步的调整可谓煞费苦心。

Amadana不仅在商品本身上下功夫，在促销中也极力亲近消费者，让他们感受到乐趣。其中给产品起爱称十分有趣，比如，有一款热销的电子计算器称为“石块”。家电行业也会这样用爱称称呼商品。我为自己设计的空调起名为“大清快”，我们常常要动脑筋想出这种俏皮话来，让用户称呼产品时浮现一种亲切感。Amadana全体成员会集思广益给产品起爱称。

宣传语宣扬着“为成功人士准备的”，但我们想传达的不仅是“用了这款电子计算器，让你对自己的事业有信心”这一个信息。我们扩充了独立的单位变换功能、货币转换功能以及运算位数达到12位（一千亿）这些实用的功能。它不仅外观时尚，还吸引了那些志向远大、想要干一番大事的人士的目光（图2-9）。

图2-9：Amadana电子计算器“石块”

为了吸引那些志向远大、想要干一番事业的人士的目光，我们不仅设计了时尚的外观，还扩充了一些实用的功能。

产品目录最后一页的内容是“注意事项”，配的是白根汤婆婆（白根ゆたんぽ）的超现实主义插图，Amadana的粉丝量有所上涨。在创立Amadana品牌的过程中，从没有任何“不能这么做”之类的限制，任何想法都会受到欢迎，全体成员共同勾勒品牌轮廓。总之，那些日子我们总是其乐融融地沉浸在欢乐的思考当中。冥思策划时考虑的都是怎样给对方惊喜，这是做策划最关键的一点。因此，在做策划的过程中，整个人是非常兴奋的。

人脑内感知快乐的物质叫“多巴胺”，它通过中枢神经系统中的神经传达物质对人的情绪和学习等方面有着推动作用，也有人说它能“提气儿”，能够激发学习热情。人类本性就是有树立理想、追求新事物、主动学习的愿望。多巴胺一旦发挥作用，就会打开“干劲开关”，引发人们对眼前事物采取积极行动。有了令人兴奋的干劲，人就会不断学习、提升经验，获得多角度的、综合性的独特见解（图2-10）。因此，为社会创造价值也能推动人的成长，这本身不就是一种社会贡献吗?

图2-10：干劲开关

人如果感到快乐，大脑就会分泌多巴胺，调动其干劲。为了提高创造性，感受“快乐”至关重要。

日本人是公认的不会玩乐享受，不懂享受玩乐本身就是经验匮乏的表现，更别提带给别人快乐了，也无法引起别人的共鸣。

大家知道大众汽车公司的瑞典公开网站“The Fun Theory.com”吗？他们的理念是——单纯的快乐，是改善人们行动的最直接有效的驱动力。他们为了改善环境进行了各种各样的社会实验，并以视频的形式公开。建议大家都去访问一下这个网站，那些视频既搞笑又有爱。

例如，有一个题目是“Piano Staircase”的视频，记录的是一个让人放弃使用自动扶梯改行楼梯的项目。瑞典的日照时间短，因此其国民的骨质疏松症很普遍。要预防骨质疏松症，不仅要保证钙质的摄取量，多晒晒太阳、让皮肤生成维生素D也很重要。此外，要预防骨质疏松症，运动是必不可少的。但北欧日照时间短，晒太阳也就成了一种奢侈。因此，瑞典在鼓励人们多晒太阳的同时，也提倡大家多运动，就连周日的新闻里都会出现“别乘自动扶梯或升降电梯了，走楼梯吧”这样的公益广告。然而，无论怎么鼓动，楼梯旁边有自动扶梯时，一个正常人总会倾向于更轻松的方式。于是，如果赋予环境“快乐”的精髓，人们会不会更倾向于选择楼梯？以下就是实验的全部内容。

做法十分简单，把自动扶梯旁的步行楼梯做成钢琴键盘的模样，人一走上去就会奏响音乐。人们肯定就会好奇“那是什么呀”，在好奇心的驱动下就会迈出第一步，听到楼梯发出声音之后一定会大吃一惊，同时，心情也是兴奋的、充满期待的，自然地一步步挪动脚步，不知不觉间爬楼梯的过程也变得趣味盎然了。在这个实验中，男女老少忽略不计，66%的人放弃自动扶梯而选择了步行楼梯，这个创意不仅对环境做出了贡献，也让人们收获了乐趣。

此外，还有引导人们把垃圾扔到垃圾箱内的公益宣传。实验中，每次向公园的垃圾箱里扔垃圾，垃圾箱就会发出垃圾好像掉进无底洞似的声音，这种小惊喜能够激发人的能动性，让人们乐意再重复这个行为。大家都心知肚明，不论说多少次“请这么做”，只要人们看不到好处或者回报，就不会付诸行动。但是在这些实验给人们带去了乐趣，让快乐的心情成为一种回报时，人们自然而然就变得积极起来。虽然这种实验围绕的都是一些社会问题，但也足够说明“快乐有助于改变人的行为”。

要点

√快乐是一个至关重要的因素。

√在快乐的驱动下，人们自然能够积极地从事需要发挥想象力、创造力的活动。

寻常不过的“逆向思维”

我在REALFLEET亲手设计了很多产品，其中，棒形遥控器“CR-102”的开发过程很有意思（图2-11）。2005年，日本工业设计师协会（JIDA）将棒形遥控器“CR-102”收藏于设计博物馆。

图2-11：Amadana复合遥控器“CR-102”

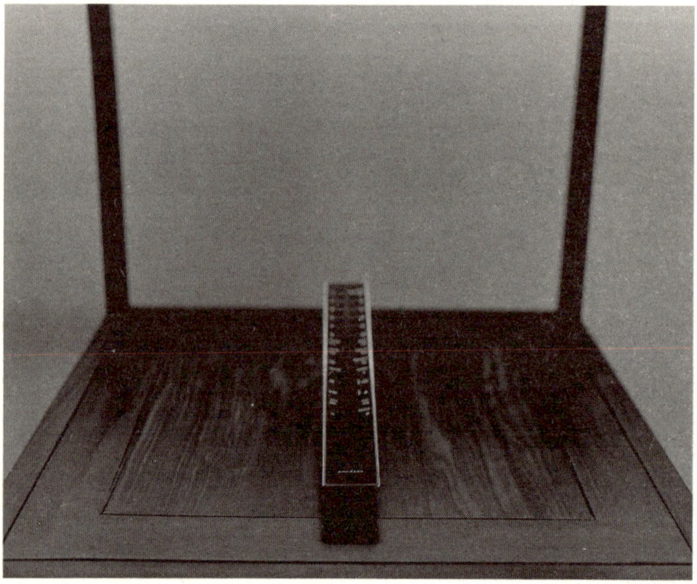

它把原来的多个遥控器合为一体，让起居室变得简洁舒畅。展示于JIDA博物馆中。

现在，所有家电都附带遥控器，起居室里也会有好多个遥控器。

“您知道产品附带的遥控器的生产成本价吗？”

“1000日元，还是500日元？”

在演讲中提出这个问题时会听到各种回答，但离正确答案相去甚远。除去个别例外，据我所知应该是30日元左右，再高些也不过是70到100日元。毕竟是摆在电视机与音响一旁的附件，设计上不会花费太多成本。

于是我提出了CR-102。它把原来的多个遥控器合为一体，可以遥控多个家用电器，就会让起居室变得简洁舒畅。如果开发出这种功能的遥控器，一定会在市面上迅速地脱颖而出。

通常的遥控器外壳都是用廉价塑料做的，但CR-102采用了金属铸型，呈现出一种厚重感，实际拿起来很有手感。很多遥控器因为是塑料材质，拿起来轻飘飘的，没什么存在感，CR-102正好与其形成鲜明对比。当时电视机显示器由布劳恩管进化到液晶，愈显轻薄，开始和墙壁融为一体。随着电视机融入起居室的空间，电视机的存在感有所降低。操控电视机的遥控器就成为唯一能拿在手里有质感、让人真切感受到拥有电视机的愉悦感的事物。一款遥控器，应该能够让人体会到对机器的掌控感的乐趣。我们将这一理念应用到CR-102上，它的爱称是“主人的球棒”，因为它是为主人打造的棒形遥控器。

售价高达12000日元（税前），看到这个价钱谁都会吓一跳，甚至合作生产商负责人一直到新闻发布前都不敢相信我们真的要做这款产品。商场里的实际价格是预售价格的四倍左右，因此，Amadana品牌毫无悬念地给市场带来了强烈冲击，一时成为热门话题，这款遥控器成为热销产品。

在Amadana工作的一个有趣之处就在于可以自由定价。通常售价和成本价偏差都比较大，但只要是Amadana的产品，即使和商场里的商品功能相同，也可以卖出更高的价钱。或许很多人不理解为什么我们可以制定高价。其实Amadana的做法很简单，一开始就制定一个符合产品价值的价格，然后竭尽全力地做一个让消费者满意的产品，设计上也不遗余力，我们制定的不过是符合价值的价格罢了。卷入价格战的多数生产商都陷在低价竞争中，而我们采取的正好是完全相反的战略，但有一点，我们的战略是一步一个脚印开辟出来的。

入驻JIDA馆藏的理由之一也是“符合产品价值的价格设定”，统筹策划、生产、销售各个环节，设计出整个商业模型的做法得到了协会的认可，这款产品充分体现了设计管理的特征。消费者一旦认可产品，付出多高的价钱也会买下；若是不认可，再便宜的产品也不会掏钱。CR-102一举成名之后，国内的大型家电生产商都前来Amadana学习提升产品附加值的技巧，合作的机遇也就应运而生。

要点

√制定价格时只在成本价的基础上稍做提升的做法未必合理。

√我们所创造的价值的审判权交由消费者。

硬件、软件一脉相承

我在REALFLEET的收官之作是“Amadana N705i”（图2-12），那是2008年，在大型厂商一统天下的手机市场上，N705i获得了当年出厂数量第一的光辉业绩。

当时，日本最大的电信商NTTdokomo正在为自己比竞争对手制定设计战略起步太晚而发愁。其他公司不断推出边缘产品，虽然卓有成效，但其中没有什么突出的产品。在这种背景下，NTTdokomo向拥有着一大批忠实于设计的拥护者的Amadana抛出了橄榄枝，邀请我们加入合作。

这款手机产品的发布距离它的策划长达三年之久。Amadana向来我行我素，从“用户喜欢的是什么样的产品”“如何制定方案才能增强NTTdokomo与Amadana双方的品牌力量”等多个角度考虑。Amadana从创立以来就一直坚持“融合日本传统美学和现代科技”的特立独行。我们一开始认真考虑过要不要在相机闪光灯的LED上植入有鉴定书保证的货真价实的钻石，虽然最终还是放弃了，但我们一心想要创造前所未有的事物，因而源源不断地迸发出新创意。因为公司成员都很年轻，所以在工作中大家总是满怀热情，坚定地要开发出一些有意思的东西。

项目启动两年之后才确立产品生产目标。在令人眼花缭乱、新产品如雨后春笋般出现的手机行业，这样花费时间做策划可谓非常极端。这时我们所追求的不

图2-12：Amadana N705i

当年（2008年）出厂数量第一。

仅仅是硬件设计，还要将品牌理念渗透到软件设计当中。当时，Amadana邀请了intentionallies（总部东京）的郑秀和先生担任创意指导，制定了产品的整体框架。此外，郑秀和先生把来电音效和点击音效的图案与动画的制作交给以美术指导为专长的Tycoon Graphics（总部东京），为我们的产品进行原创设计，将我们想要表达的种种乐趣融入到软件之中。在硬件方面，我们多番尝试消除手机打开、关闭时的杂音，要让用户从一丝不苟的细节当中感受到Amadana的风格。

这款手机在Dokomo商店中发售三种款式（橘、白、黑），Amadana另外发售“REALFLEET 款”（限量发售5000台），凭借着全新质感大获成功。在此之前，采用新材料的做法是不符合生产商在生产管理上的规定的，但善于打破禁忌正是Amadana的看家本领，自然是要挑战一番的。

在塑料上进行磨光、喷漆处理是很普遍的，但Amadana加厚喷漆、木纹和皮纹设计的做法在业界备受争议。为了制作褐色的木质纹理效果，我们本想采用真正的木材，进行了无数次样品试做。因为我们想打造出限量版的风格来，而且想抓住限量生产这个噱头。虽然最终使用了仿制品，但仍然保持了让每一部手机稍有不同的理念。没能采用真正的木材的原因在于生产商在商品品质管理方面有相关规定。于是，我们要求额外制作尽可能接近真实木材质感的木纹超长素材，然后进行分片切割，使每一个产品的木纹都不同。大概在生产商眼里，Amadana尽是一群一根筋的人吧！

但是，这种辛苦，这样精心打磨的商品一定能传递给我们的用户，让他们感受到我们的热忱。而这个过程回忆起来也是一段趣闻。尽管棕色限定款当时售价70000日元，还是在24小时内销售一空，溢价销售等做法一时在业界和网上议论纷纷。差不多六年过去了，现在有时候走在街上都能发现还有人在用这款产品，Amadana的理念在用户心中落地生根的成就感可见一斑。

要点

√禁区，正是待挑战的区域。

√快人一步，即成先驱。

MTDO inc.的成立

REALFLEET通过“Amadana N705i”商品大获成功，在国内赢得了广泛的支持。有意向谋求合作的公司多了起来，其中并非所有企业和产品都符合Amadana的理念，因此不得已婉拒了部分公司。我从侧面了解到很多人不明确定位，很多公司希望进行全新的挑战。我在东芝的时候，全身心投入到创新产品当中，而在REALFLEET时则开始意识到一个品牌对于社会的责任。公司谋求自身利益是理所当然的，如果没有利益，职员就无法生活，事业也难以为继，但是，同时一定要把“思考人如何才能内心充盈、幸福地生活在这世上”这一点放在心上。REALFLEET通过Amadana品牌，推敲着如何传递Amadana独特的幸福，Amadana人都以此为奋斗目标。

我有些担心那些被我们婉拒的企业。在这些企业中，除了电器制造厂商，还有各行各业的公司。我开始萌生了为帮助找不到出路的人们而改行的想法。我打算从自己做起，改变提高竞争力的方式，琢磨怎么激发市场活力，进一步激发全体日本国民的活力。于是，我向REALFLEET表达了我的意愿之后，公司同意我保留职位，允许我作为自由设计师接受其他公司的委托，逐渐扩大活动范围。这就为后来在2008年成立股份制公司MTDO inc.埋下了伏笔。

之前的经验在MTDO inc.中发挥了巨大作用。我在与各种公司一起进行创立品牌、策划商品的过程中，更深入地思考了设计管理的有效性和重要性。实际上，日本基本还没有公司做到了设计管理，至少我没有遇到过，无论是大型企业还是中小企业，一律没有。当然，或许是因为已经做到设计管理的公司不必雇用我，也可能已经有很多这样的公司，但一定还没有达到像欧美那样追求品牌认同感的程度。多数公司目光短浅，还保持着20年前的那种老眼光，根本没意识到要把设计当成公司的资产。于是，我终于下定决心投入到设计管理的实践中去。

下面两章我将运用两个事例讲解如何通过设计管理创造理念和新商品，并通过从始至终的设计管理，暴露公司中存在的种种问题，并提供改善方案。做什么不重要，重要的是“为什么必须这么做”，大家在阅读后面贯穿这种思想的实例时会逐渐理解我的这种思维模式。

“减税斗士”——日本企业

外国人总说记不清日本车的牌子，也有人说“不会坏的就是日本牌子的车”。但是，“不会坏”作为生产商提供的使用价值是理所当然的。与此相比，让开车的人可以享受到独特的驾驶体验，体会其中的魅力，才是企业的使命吧！消费者购买一辆汽车的标准有安全性能、配置、造型、驾驶体验等，从各个角度考量品牌理念能否触动自己的内心。因此，传递汽车本身的价值是关键，沟通是品牌的生命线。然而，当下日本车是如何做广告的呢？只不过是一味地强调“减税”，连品牌和车型都模糊不清。明明有更重要的内容需要传递出去，却没有显现出来，这就是制造业巨头——日本的信息传递现状，把廉价当成最重要的价值，就像在宣扬“这是减税了才卖得出去的车”。

与上述情形截然不同，奥迪的广告不仅有车型说明的广告，还有重点宣传公司新技术“quattro”（全时四驱）的广告，这是贯彻品牌战略、不懈创造的成果。虽然这类技术广告一不小心就会落入那种循环往复地陈述性能、用实图与计算机制图技术放映各种配件的俗套，但奥迪摆脱了这种模式，十分巧妙地传递着它的理念——在独特的全时四驱驱动和制动技术配合下向目标飞奔而去，汽车的动态图给人的感官带来强烈冲击，跃动感和驾驶实感震撼人心，从而引发观看者驾驶的冲动。影像的制作细致地关注到了公司的形象，再加上汽车设计师的参与，对全时四驱进行了深刻的探讨之后才投入制作。关键在于由谁来主导这场沟通。奥迪近年来在日本的销售量以每年20%的增长速度推进，与它一贯的明确传递公司的价值理念的认真态度是分不开的。

所以我要严正抗议！什么才是汽车品牌价值传递？这绝对不是想想销售广告语就可以了，而是从正面向消费者传达自家公司“当仁不让”的优势。

03

实例解析设计管理

（OSORO篇）

本章分为两部分，一部分介绍应用设计管理并在更广泛的领域开展设计活动的鸣海制陶（总部名古屋市）的“OSORO”计划，另一部分介绍参与此项计划的桥口宽先生的文字材料（管理角度解读设计2）。我在文章后面附上现场的情况说明，大家将正文和说明结合起来阅读，一定能够切身感受到设计管理的魅力。

OSORO这款产品掀起了传统西餐餐具产业的一股新浪潮，已经超越了传统意义上的餐具。就实用性而言，OSORO还兼备加热、储存食品的功能，设计上的轻薄度、光泽不亚于高档西餐具。这一理念轰动一时，不仅产品的销售额超出预期，产品本身还斩获多个海内外设计奖项（图3-1）。

由于OSORO一举成名，如今不仅分布在餐具专卖店与百货商店里，我们还开拓了新的销售渠道，比如，入驻到深谙消费者需求动态的精品潮流店里。

OSORO的巧妙之处在于，密封环和加盖设计的组合使得烹饪、用餐、储存一体化，不必随场景变动转移食材，做饭的效率由此提高，还节省了水源和空间。虽然有的塑料材质的耐热餐具也宣称有同样的实用功能，在厨房里刚做好的菜不用装盘，直接就可以端上餐桌，但OSORO放在正式场合也不失大雅，小小的一款餐具也能带给人美的享受，其中的设计价值不言而喻。

但是，我在这里想着重强调一下，不是OSORO本身性能优良，而是在国内市场份额缩小的情况下，日本陶瓷老店鸣海制陶为什么还能够开发出OSORO这一划时代产品的历程。回顾这段历程，让我们进一步分析，厘清设计管理如何发挥作用的脉络，以明确设计管理与创新之间的关联性。

图3-1：斩获多个海内外权威设计奖项的“OSORO”

主要获奖情况：
2014年度德意志联邦共和国国家设计奖、2013年度红点设计大奖、2013年度IF产品设计奖金奖（德国）、2013年度亚洲最具影响力设计奖（中国香港）、2014年度A'设计大奖赛白金奖（意大利）、2014年度杰出工业设计奖（IDEA）铜奖（美国）、2012年度优良设计奖之百佳奖、JIDA设计博物馆 Vol.14、2012年度室内生活方式奖、DESIGN BUSINESS部门奖（日本）等。

在广泛的领域中开展设计

在OSORO开发项目中，我和田子裕子担任创意总监，主导开发工作；桥口先生担任该公司的项目负责人统筹全局。总而言之，这一系列活动就是设计管理。

这里所说的设计，不仅是产品的形状和颜色，从项目前景到产品理念，再到用户体验，方方面面都从属于管理对象，具体而言包括建立企业内部团队与外部专家紧密合作的体制、开展研讨会深入挖掘消费者需求以及解决技术性难题。一方面要开发商品，另一方面还要致力于建立向消费者传递商品理念的有效沟通。正是在广泛的领域中开展设计管理，才铸就了今天的OSORO。

以把控尺寸精度这一技术性难题为例，一般情况下，陶瓷制品经过烤制会剧烈地收缩发生变形，因此产生巨大的尺寸偏差。但是，为了实现OSORO的设计理念，硅酮树脂的密封环和封盖必须无缝接合，对尺寸精度要求很高，于是我们深化推进了能有效控制尺寸偏差的骨瓷制造技术。此外，为了让产品既耐高温又不致破坏品质，我们还开发了一种名为“NARUMIO”的新材料（图3-2）。

图3-2：新材料“NARUMIO”

不仅拥有骨瓷的色泽，还可以耐受−40℃~220℃的温度。

关于沟通技巧方面，我们开展了颠覆传统西餐餐具行业的促销活动，最大的区别就在于，我们采取最直接的方式向消费者传达产品理念和特征，具体而言就是通过Twitter、Facebook等社交网络服务运营“OSORO分区”，介绍产品理念和使用方法；开展贯穿从烹饪到试吃各个环节、还原OSORO使用场景的体验活动；与注重健康人群集聚的理想型共享房屋“FRESH share JINGUMAE”（东京都涩谷区）合作，引进OSORO作为标配；等等。这一系列活动绝不是在盲目赶新潮，这些尝试都是以获得潜在用户对OSORO的认可为目的而展开的。

接下来，我将与桥口先生共同回顾开发历程，并针对当时面临的问题说明如何运用设计管理来找到合理的解决方法。

回顾开发项目

2009年，我出任鸣海制陶创意指导，当时，公司的处境非常艰难。餐具行业的销售向来都是依赖百货店批发这一单一渠道，鸣海制陶也不例外，而百货店市场明显在萎缩，鸣海制陶的销售额也随之下降。在过去的10年内，国内陶瓷器具市场也缩小到原来的一半以下（图3-3）。这些现象背后的原因包括海外餐具品牌的兴起、东南亚国家廉价餐具的流入，以及餐具市场原本就生产过剩。在那之前的10年内，国内的西餐餐具市场份额缩小到原来的55%，该公司的产品也逐渐跟不上人们生活方式的变化，越来越不受消费者待见。

图3-3：国内市场的变迁

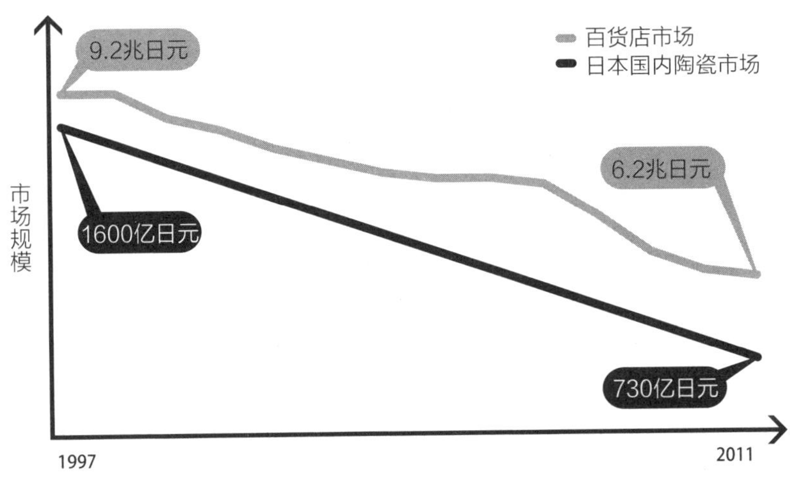

受日本经济不景气的影响，餐具行业的销售额逐年下降。

我当时的感受就是——无从下手。其实OSORO项目最初的目的并不是产品开发。鸣海制陶在整个日本都处于经济凋敝、产业疲软的困境下，如何摆脱现状，找到突破口？在这个问题的引导下，采取的行动最终凝聚成了OSORO项目。

之后我会展开说明的一点是：不要一开始就策划得特别周全，不周全反倒更有可能促使成功。很多公司都是做出周全的产品策划之后才聘请设计师，但鸣海制陶是在无计划状态下向我发出邀请的。

从非正式到正式

我出任OSORO项目创意总监的契机是缘于咖啡店里的一次相遇。朋友小野壮彦说想向我介绍一个正在为设计烦恼的人——桥口先生，于是就在一起喝茶闲聊，我谈起自己的工作内容，欣赏桥口先生带来的陶器样品，还讨论了除餐具以外能不能找到新的突破口。之后有一段时间没有见到桥口先生。半年之后，他突然联系我，邀请我去鸣海制陶做演讲。演讲的对象主要是以东京为阵地的设计部门和专项计划“NARUMI LINE PROJECT”的成员。我先对自己的工作内容进行了介绍，之后和大家进行了讨论，主题围绕着“产品制造需要什么设计程序”展开。

之后，桥口先生向我发出“请来我的公司正式担任创意指导”的请求，那是在2009年的夏天。在那时，具体的工作内容尚未确定，但桥口先生所说的“总之，我迫切地想要提升我们公司的创造力，也许这个过程会很漫长，但请您务必同我们携手并进”这句话，让我铭记至今。于是，我当即决定和“成就未来项目”合并。我认为，此番委任虽模糊不清，却也成了日后创造出OSORO的主要原因，而且，桥口先生的胸怀也十分难能可贵，在前途未卜的情况下能够给我充分的时间去打磨产品。

向公司外部人员委托工作时一般都要签署合同，在合同里必须写清委托内容，如果内容含糊就会难以保持公司内部信息的畅通，因此对于“为什么必须委托业务”的说明也就不由自主地抽象化了。但是，在新项目的初期阶段，不可能事无巨细地写清楚委托内容。在公司利益关系界限明确、与外部组织和人员合作不可或缺的今天，还死抠实际委托内容是不会有结果的。因此，我建议对项目的具体性暂且搁置，首先应当积极地寻找外部机遇。

行动之前多方面了解情况

不仅是在鸣海制陶，我在任何一家公司开展工作之前做的第一件事就是和总经理及员工交谈、参观工厂车间、了解公司发展历程。在这个过程中从合作伙伴那里汲取经验，多角度观察公司宗旨、氛围以及员工面貌。有时会参加早晨的广播体操，和员工一起在食堂吃饭等，切身体会员工的日常。你可能觉得这些事情看起来跟设计没什么关系，那真是大错特错了。因为，通过和公司各层次员工的接触，一家公司的核心和优势就能一目了然，缺陷也显而易见，而对于优势，就连该公司的员工都会轻易忽视，找到这些隐藏的优势并让它们充分发挥出来十分重要。接下来，我就会开始考虑自己的定位。为了融入团队合作，我不能完全按着自己的性子来，必须精准定位自己在团队里的位置。

与总经理、职员接触的过程，其实也是在比照自己的愿景的过程。自己对这家公司的宗旨是否理解到位？如何看待这家公司的管理方针？如果不把握好这些问题，就很难统筹全局，让设计发挥作用。与此同时，我也将自己的理念传达出去，让这家公司认可我、接纳我，因为很关键的一点就在于树立“共进退”的信念。公司的氛围是由领导者决定的，处于组织之中的员工出现的问题往往和整个组织存在的问题密不可分。因此，为了解公司的发展现状、找到解决问题的头绪，一定要和最高管理者深入交谈，还要了解该公司的历史和宗旨。虽然员工在刚进公司接受新员工培训时已经学习过了，但不知不觉中可能就将其抛诸脑后了，在日常实际工作中也没有履行吧！因此，在启动大型项目之前，重新回顾公司的创业精神、领会代代相传的价值观是很有必要的。但是，很多公司的宗旨只是一个空泛的口号，缺乏实质性内容，这样一来，就很难直接从公司的宗旨中获取对新开展的活动的指导价值。这时就需要回顾公司的发展历程，参考成功案例，多听取周围人的意见，听听他们是怎么理解本公司的宗旨的，这样总能收获许多独特的见解。通过这种方式让公司的宗旨紧贴时代脉搏，从而为启动新项目谋篇布局。

如果加入生产公司，我一定会去参观工厂车间。因为做商品策划需要提前了解工厂的生产潜力。对生产环境、工程有一定的了解之后，对商品生产的自豪感就会油然而生。“这是我们自己生产出来的商品”——这种自豪感是推动新产品生产的强大动力。此外，听生产现场的工作人员的解说，谈谈生产方面还存在什么局限性，对我进行商品策划也会有所启发。比如说，如果能让“这种技术绝对领先于竞争对手”，那这就是一家公司决胜的绝对优势，让别的公司不能望其项背。我在鸣海制陶时处处都可以感受到这种“自豪感”和“绝对优势”。实际上，这也成了我设计OSORO的特征时最重要的灵感源泉，那就是“让每一个产品都毫厘无差”。

倾听是为了创造可能性

在考虑做什么之前，多方面倾听别人的想法可以获得新发现，这个做法是非常有意义的。为了客观地认清现状，要尽可能地从更多人那里听取更多的信息，我认为，从本人那里得到的第一手信息是最有价值的。

即使是同一句话，由不同的人说出来，其中所包含的想法、给人的印象也会各有差别。比如说，“我喜欢咖喱”“我也喜欢咖喱”表现出两个人趣味相投，但是随着话题的深入，双方就会各自说“我喜欢咖喱饭”“我喜欢印度咖喱”。也就是说，同一句话背后包含的深意未必一致。这种言语间的误会日后可能会引发严重的隔阂，因此在初期阶段有必要好好地弄清楚每个人真正想表达的是什么。

倾听，就是要多方面地听取不同立场的人的想法。一家公司是由形形色色的人构成的，人种、年龄、年代、性别、职位、在办公室的位置等都不一样，每个人所处的环境决定了他的思维方式。因此，事先听取多方面的意见有助于从不同的维度把握公司的情况。

有一点要注意，这里所说的倾听不是打探消息或是面试，所以不能给对方造成“必须给出正确答案”的压力。因此，我总是单独找某个人谈话，请他所在部门的负责人回避。并且，我事先发下去的一份简单的调查问卷也很有用，内容相对轻松，这些人在见面之前因为填写过问卷，梳理过自己的想法，当面谈话的时候就容易敞开心扉。

· 姓名。

· 所属部门。

· 工作年限。

· 现在的工作内容。

· 参与过的项目、实现的成果。

· 工作目标。

· 你认为公司的优势在哪儿？有什么让你感到骄傲的地方？

· 你认为公司有什么需要改善的地方？对公司的发展有什么期待？

我在问卷中的设问力求简单，让他们写下自己的见解。但是在会面时我不会针对这个问卷深入挖掘，而是让他们就自己的方针策略畅所欲言。如此一来，参加者也能敞开心扉吐露真言。

在这种倾听中，不需要最终汇总出一致的结论。因为一开始的目的就是多角度收集信息，而不是寻求唯一的答案，希望大家将这种做法视作发现更多可能性的机会。很多人总是习惯于当即就想做一个总结，但在项目开展初期做汇总毫无意义，因为凡事并非想象的那样单纯。以创造新价值为目标时，不妨多花一点时间去逐个探寻可能性。

倾听不仅有助于我对问题核心的把握，也会让这家公司的特质、氛围、优势逐渐凸显出来。支撑一家公司的，正是现在兢兢业业的员工，了解他们的想法与意向，可以说是引领一个项目走向成功的捷径。

我总说“太可惜了”

我在鸣海制陶参与策划时，该公司制作过一本《NARUMI品牌手册》。“成就未来”项目的成员在当时已经完成了对鸣海制陶的发展历史和价值实现的总结。

《NARUMI品牌手册》系统总结了企业的发展历史和奋斗目标，通过这本册子就可以看出来，公司明明潜力巨大，但向消费者传达时采用的方式却不是那么恰如其分，所以我觉得太可惜了。因此，在头一年里，我一边分析以前推出的产品，一边认真完善与消费者沟通方面尚不充分的部分，将以前尚未实现的事情一一付诸行动。

很多公司存在和消费者沟通不充分的问题，这个问题应该引起重视。当今时代物质富饶，把产品生产出来摆在货架上，消费者就会买账，这种做法是错的！鸣海制陶曾经也依靠商场批发这一条销路维持生计，所以就会想当然地认为产品就应该整齐地摆在货架上。而且，用讲故事的方式将公司的历史融入到产品当中是有价值的，消费者会以这种情感共鸣为标准判断产品价值，继而对公司产生信赖感。很多人都没能深刻认识到这一点，因而制定战略时并没有遵循获取品牌认同感的逻辑。所以，我当时老是把这句话挂在嘴边：“（明明值得说的东西还有那么多，却什么都没用上）真是太可惜了，一定要更好地传达给消费者。”

后来，我们开始发行半年刊的生活手册《QUALINA》（图3-4）。“QUALINA”由Quality、Life和NARUMI三个词拼接而成，题目蕴含了“让你贴近高品质生活”的意思。这本手册以鸣海制陶的招牌货——骨瓷为焦点，我们尝试了很多种途径让人们感受它的独特魅力，接纳它，使之成为一种现代生活模式。正如前面提到过的，现代生活方式和骨瓷的特性在不知不觉间就形成了巨大的断层，我们所做的，就是为了填平这个沟壑。

图3-4：QUALINA 3号

用讲故事的方式传达骨瓷的魅力。因为鸣海制陶历史悠久，所以充分地植入了值得讲述的内容。

比如说，为了消除封面格式化的印象，我们用的是手绘图，尽量凸显生活气息，采用简洁、自然的表达方式，通过巧妙的小心思，让读者感觉我们的商品触手可及。

我将内页设计成“生活伴侣”式的风格，将产品生产的过程用讲故事的方式铺陈开来。说起以前鸣海制陶制作的商品目录，基本上都是在烘托盛着要做成法国大餐的食物的视觉效果，完全没有用文字形式来表达创造产品本身的自豪感。因此，这次我要打破因循守旧的局面，大胆地革新，尽量让食物淡出视野，自始至终以产品本身为主角，充分地传达产品的魅力。

手册分发出去之后，听说这本手册为商场的销售员推销产品帮了大忙，并赢得了鸣海制陶的铁杆粉丝们的一致喜爱。我一开始想通过《QUALINA》做两个尝试：一是呈现餐具之美，二是强调公司编写关键信息并传达出去的重要性。二者的付诸实现，在很大程度上已经是一种进步。

然而，这并不是阻止产品销售额下滑的根本解决办法，随着我对骨瓷的特质和公司文化背景理解的深入，越发强烈地感受到它和现代生活之间的隔膜。

设计理念

客观分析缺陷

在此稍微回顾一下前面的内容。我作为创意总监加入鸣海制陶时，还完全没有OSORO的概念。入职后马上着手整理、分析产品序列，将以前的产品按照“使用场合”和“设计风格”两类划分，明确每件产品的类别（图3-5）。通过分类明显可以看出，适用于正式场合的产品种类丰富，而可供日常使用的产品却很少。

图3-5：已有产品序列的整理与考察

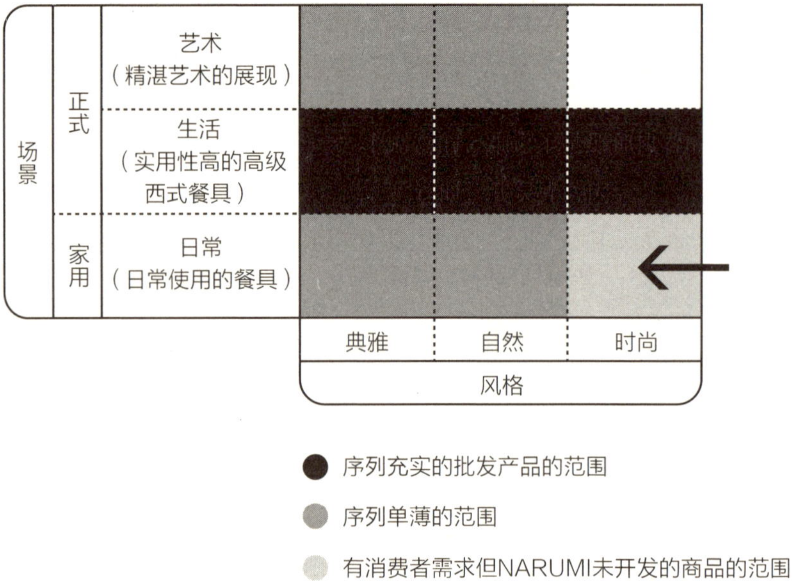

虽然鸣海制陶出售的产品种类繁多，但多数是餐具套装与茶具套装，材质基本上都是采用骨瓷，通体乳白、透光，轻薄却结实，品质出众，颇受高级酒店和餐厅的青睐，这一点让鸣海制陶引以为傲，但材质本身决定了这些产品存在着不能放入微波炉、烤箱和洗碗机的缺陷。

但是，在现代生活中，“不能放在微波炉加热的餐具”会令人很苦恼，这是客观事实。因为现代生活和以往有着天壤之别。随着女性日益活跃于职场，能在家悠闲地做饭、吃饭的机会变少了，要是当了妈妈就更忙碌了。“缩短工时”的说法很流行，怎么合理安排时间才能愉快地度过每一天？这已经成为一个普遍的社会话题。我自己也因为照顾刚出生的孩子和工作上的事情忙得焦头烂额，在家里经常来不及好好地吃顿饭。从这一点上可以看出，鸣海制陶描绘的理想“餐桌”似乎背离了实际情况。

另外，我又回想起参观工厂车间时的感动。不光是鸣海制陶，参观日本任何一家生产商的工厂时，我总为这种精益求精的工匠精神感动不已，看得我目瞪口呆，他们将满腔热情和自豪感融入到产品之中，那种坚定的意念和目光难以言表。

想了这么多，我开始强烈怀疑：这家公司最宝贵的财富真的只是骨瓷吗？的确，基于骨瓷常年培育的技术与文化不仅是公司的重要资产，也是各项事业的支柱和优势所在。但是，这只不过是展现鸣海制陶公司形象的一个侧面，真正算得上财富的，难道不是那种执着的匠人精神和赤忱之心吗？

这时，我灵光一闪。

不用骨瓷也可以吧？即使换了材质，只要贯彻鸣海精神，不是也不失为“NARUMI”品牌吗？

换一个角度看待事物的瞬间，脑海里就会浮现出新转机的轮廓。之前陷入了“用骨瓷开发出什么爆款产品”的思维惯性，虽然破除旧框架需要勇气，但只要对旧理念进行重构，新的转机便豁然开朗。

不久之后，鸣海制陶召开了内部研讨会，会议后分成三个小组，围绕“自己还需要什么”“应该呈现什么样的面貌”“如何改善以往产品的销售战略”等问题进行两天的考察。我所在的小组诞生了日后的OSORO，当时考察的是日常使用的餐具。

我们小组讨论了日用的餐具还需要具备什么性能，最后得出的结论是：今后的产品开发要包含能在微波炉、烤箱加热，也可以用洗碗机清洗等性能。“这些都是骨瓷实现不了的，这次不再用鸣海制陶的招牌——骨瓷，而是要找一种新材料来实现日用餐具的新性能。”公司一名员工当即这么说。这不是公司外部人员指出的问题，而是员工通过工作自己探寻的答案，鸣海制陶由此也迎来了重大转折。

虽然预见了市场需求

当时整个业界广受欢迎的是可加热的硅胶烹饪器具，这种硅胶器皿，食物加工后可以直接端上餐桌，确实非常便利。但是，多年来鸣海制陶一直以出色的设计著称，让餐桌熠熠生辉，因此该公司员工不大认可硅胶餐具，因为他们秉持着一个信念——美味的饭菜应该用瓷器来装。

鸣海制陶也有类似的可以直接加热、端上餐桌的产品，市场反应还算不错。

虽然这类产品是符合市场需求的，但总归还是烹饪器具，“餐具”和“烹饪器具”这种传统分类之间的界限仍然没有被打破。

鸣海制陶的员工从个人需求来说，也希望餐具既可以加热，也可以储藏食物。但是，一旦站在公司的立场来主张自己的想法的时候，就会被组织的理论捆绑，思考倒退回挖掘市面上对骨瓷的潜在需求这样的模式里面。

但是，内部研讨会之后，一部分职员马上意识到：消费者需要的是方便日常生活的、宜居的产品，融入这种思想的产品提供的使用体验才是有价值的。经过内部研讨，大家对共同努力的方向有了一致认识，OSORO的“日常项目”就此启动。

值得一提的是，该项目的名称随着时间推进也在不断演化。刚开始称为“日常项目”，以开发日常使用的餐具为工作重心；之后是“探索项目”，不仅开发产品的物理价值，还要开发更广泛的价值，而且员工们开始认识到：用户发现的喜悦才是最大的价值。项目因此得名，最后确立为“OSORO项目”（图3-6）。

图3-6：项目推进时间名称

替换为表示项目相应阶段的活动意义的语言，即时制作标志。

事实上，OSORO的命名与当时刚刚发生了东日本大地震有关。项目成员都在发愁，地震才刚刚过去，这个项目还有必要继续进行下去吗？于是大家重新讨论了我们成立项目以来持续推进的理念。为什么推进这个计划？为什么必须制造这个产品？当时得出的结论是：每个人都要好好思考如何过上更好的生活。珍惜和亲人在一起的时间，先改善个人生活，再解决社会问题。随着人们的想法不断改变，餐具也将成为人们缓解压力的生活伴侣。我们又回到了鸣海制陶的原点——我们不做冷冰冰的器皿，而是要让每一个人享受美食、享受生活。我们畅想着一家人一边吃饭、一边说笑的场景，将项目更名为“OSORO”。

明确产品的价值

研讨会讨论的结果是，现在的鸣海制陶要生产一款采用骨瓷之外的材料的日用餐具，因此确立了创造全新价值的项目框架。

第一个难关就是向公司高层解释：为什么不用骨瓷材料。于是，项目组成员对现代生活的需求进行了分析整理，解释我们希望推动鸣海制陶到达一个什么样的理想世界。

一开始为了提升品牌知名度，我们将目标人群设定为30岁以上、经常使用微波炉的职场女性和年轻妈妈，对这个定位我们进行了详尽的分析（图3-7）。

理由是显而易见的，顺应个人生活方式的改变是一方面，而为社会可持续发展奉献一己之力这样的重大课题也包含在内。紧接着我们惊喜地发现，这些出发点不仅适用于职场女性和年轻妈妈，而是对所有现代社会的人都适用。而且，这些主题之间关联密切，重要程度不分先后。

如果是采取以前的做法，通常就是设定一位女性形象，想象她喜欢的颜色和形状来设计产品，但这个项目的目标有所不同。以前都是依据过去的数据分析出来的结论来调整设计，但我用关键词模型向所有成员解释过去数据分析没有涉及的问题本质。现代人面临的困难和挑战很多，面对一个产品时会有疑虑：为什么要生产那个产品？我们一定要提前准备好万无一失的答案。我们意识到要通过这个答案来构建一个系统以满足现代的种种需求，创造出实用的器具，我们把这个系统称为开放型餐具系统（图3-8）。

图3-7：关键词模型

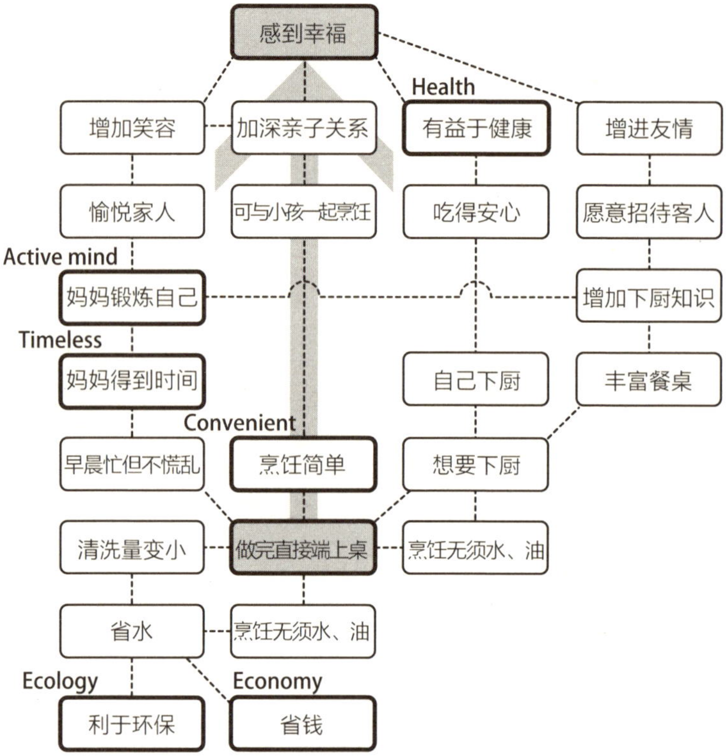

显而易见，使用非骨瓷材料生产的“日用餐具”的产品价值不仅在于其功能和创意。

图3-8：Open Tableware System（开放型餐具系统）

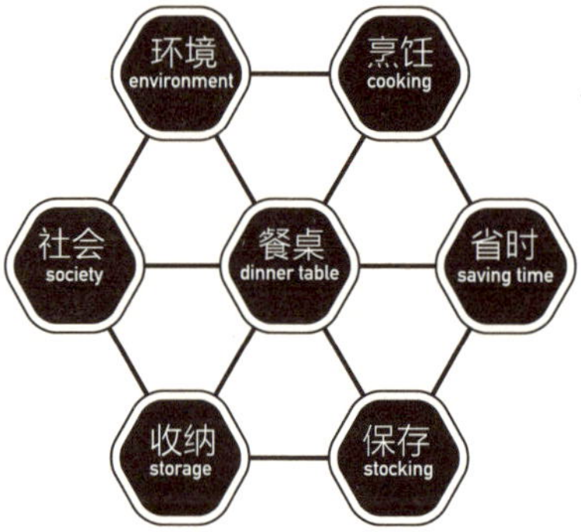

OSORO's SOLUTION（OSORO解决方案）

以解决与现代饮食生活相关的共同问题（环境、烹饪、社会、餐桌、省时、收纳、保存）为焦点进行生产，是该项目的目标。

说到底，采取这种做法的根本出发点是让人们在生活中收获幸福感。从那时起，这个项目的目标就变成了制造幸福感。

关于为什么要生产这款产品，回答起来容易模棱两可。但是，企业活动的根本目的是通过实业贡献社会，思考我们所开展的活动对未来的意义尤为重要，在项目初期阶段就应该明确“为什么做”，才能为今后的行动提供指导意义。只有完成这些，才能进一步考虑“做什么”与“怎么做”。

今后的制造业如要取得长足进步，一方面要着力找到痛点，另一方面则要探寻解决方法。为了实现这一点，企业工作者不能只是自己理解那个真正的痛点在哪里，还要让用户自己意识到问题的根本是什么，要主动地去启发他们。总之，公司在开发产品的时候一定要注意保持和用户的互动沟通。

并且，一旦决定要挑战新事物，最好一开始就提出一个宏伟的目标。如果目标触手可及，那么，工作内容将会很无趣，最终的成果也只是在计划之内打转。只有让自己处于对未知的不安之中，眼前的工作才有意义可言，达到目标时的那份感动才会更刻骨铭心。

现代消费者具备整合、筛选能力

大概在两年前，那时我刚加入Amadana，社会上“生活方式”的说法逐渐深入人心。从那以来，很多公司开始在开发产品时把这个理念运用到市场战略当中。生活方式包括生活习惯、家居结构以及其中涵盖的理念，将追求高质量生活的消费者群体置身于他们的生活场景之下，分析他们处于怎样的生活理念之中，将分析得到的有效的消费行为应用到产品开发中，公司的这些活动已经很普遍了。从另一个侧面来说，消费者在这个过程中也在打磨个人价值观指导下的判断能力，也就是整合并筛选的能力。

现代社会信息爆炸，价值观多元，生活方式多样。现在即使是面对喜欢的牌子，消费者也不再会毫不犹豫地买下，这是因为人们足够相信自己的眼力，把挑选商品当成一种乐趣，无论价钱多少，只要是用自己的衡量标准来挑选就足够好。就像千人千面，人的个性和生活习惯也千差万别。因此，如今商品的价值完全取决于消费者的价值观念，只是追随消费者口味的变化，把产品生产出来往商场一摆的做法是行不通的。

在开发OSORO之初，为了解开拓新的销售渠道的必备要素，公司成员理所当然地进行了“生活方式分析”，设定了具体的目标形象。但是，随着项目的深入推进，我们开始怀疑“生活方式分析”是否真的有用。即使设定了人物形象，想象他的生活图景，也只能触及表面，而无法深入本质。比如说，有时人物A又兼具人物B的特征。时间、地点、场合以及当时的气氛等因素会随机改变人的行为方式，上周在茶会上用着高级餐具的人，到了这周，可能会在院子里轻松地端着啤酒、吃着烧烤。因此，我开始觉得，按照以前的市场理论对消费者群体进行分类的做法是毫无意义的。

而且确切来说，对于注重生活质量的人，他们期待的新价值不是颜色和形状等外观上的创新，虽然人们买东西都是相当注重外观的，但市面上的商品已经够眼花缭乱的了。在琳琅满目的商场里，为了凸显自家的产品，在策划时就考虑到底是用现代化风格的花纹还是古典风格的花纹这种问题，最终也是淹没在海量的商品之中，无法向消费者发出独一无二的信号。正是这个原因，让每年不知道多少打着“新产品”旗号的产品石沉大海，找不到打开销路的突破口。我们项目的成员已经意识到，沿着这条老路走下去将无法触及问题的根本。

另外，如果关注现在地球的承载量问题，我们可以发现当今社会谋求的是可持续发展。可持续发展，不仅指自然生态，还包括人类对稳定的幸福生活的不懈追求。正好当时年轻妈妈备受瞩目，女性面临着兼顾事业和育儿的难题。我当时在想，如果对于这个问题有什么良方的话，那这项举措一定会推动整个社会的可持续发展。

但是，我们没有把重心放在年轻妈妈的生活方式上，因为不管女性是否在职场、是否养育着孩子，我们都不能对女性一概而论。因此，我们没有设定特定的女性形象，而是要满足所有现代人内心深处的共同需求，创造产品的价值，履行企业对社会的责任。我想，这就是这个计划的目标所在。

人们想要的到底是什么？餐具生产商又能够实现什么？现在回想起来，我觉得OSORO之所以口碑很好，就是因为没有因循守旧，而是开辟出了一条产品开发的新路。我希望用户带着像设计自己的人生一样的心情选择我们的产品，于是，我们打出了“DESIGN YOUR OWN”（设计自己）的口号，OSORO正式发布。

“闯入”餐具新领域

我在开发OSORO的过程中想到，这是消费者自己闯入（hacking）了餐具的新领域。前面提到，消费者会用自己的价值观判断事物，他们有能力安排自己的生活。这么说来，虽然这个产品看起来无疑就是餐具，却附带着餐具以外的功能，这难道不是新发现吗？

听到“闯入”（hacking）一词，可能会让人产生负面印象，但是，这个词原本是褒义词。“hacking”的本义是熟练掌握电脑操作的人对硬件、软件进行的技术操控，这个词语没有表明这种行为是恶意的【计算机犯罪时所指的“入侵”（hacking），准确来说是“黑客入侵”（cracking）】。

有趣的是，从这个词当中延伸出了很多合成词。其中，“生活骇客”（Life Hacker）这个词引起了我的注意，它是IT行业的术语，说的是旨在简化工作、提高效率的技术。虽然这个词来源于IT界，但之后也为科技界以外的人们所认可，概念延伸为：在时间安排上效率高而且保持心情舒畅的技巧。

显然这象征了一种新的文化形态。人们不再想用一款开发完善的产品，而是觉得自己去探索、摆弄的过程才有趣，这看起来不是什么主流文化，还可能令人误入歧途，但这个过程让人欲罢不能。诚然，这也是能动性强的人们发挥能力的机会，我在想，这种风潮是不是也能导入到餐具开发中呢？

“生活方式”这个概念盛极一时是十几年前的事情了，现在已经用滥了，再怎么极力宣扬都无法刺激人们的听觉细胞了。那能不能找到一个与众不同的切口，从而实现创新？一个产业再成熟也仍然会有可作为的余地！这种探索就是“生活骇客”理念的体现，“闯入”餐具的新领域，不仅让消费者享受其中，还支撑着他们去采取行动提升个人的生命质量。因此，“DESIGN YOUR OWN”的口号就是来自“生活骇客”的理念。

从公司角度考虑

我们沿着前面总结的思路进入具体的产品设计环节。要考虑产品的设计，首先要和全体成员共同明确新产品的核心理念。我们列出了下面这些要点：

①具备耐热性能，可以放在微波炉、烤箱加热，可以放进洗碗机清洗；

②可以多层整齐叠放；

③轻巧、耐摔；

④通体雪白，美不胜收。

①限定了这款餐具的物理性质，也表明了要用骨瓷以外的材料，尽管不再用骨瓷，但从品牌推广的角度来看，不能丢了鸣海制陶在骨瓷开发中培养起来的技术和自信，因此②、③、④项要点也必不可少。

②、③、④项要点都有助于推广鸣海制陶的技术水平。我第一次去参观生产车间时，看见一排排餐盘摞得高高的，稳稳当当，整整齐齐。大家应该在酒店的自助餐上看到过这个场景。我对这一点印象非常深刻，再加上，听说鸣海制陶一直对品质管理引以为豪，于是为了保持这个让竞争对手无法模仿、超越的优势，我认为这是理念构想中的必备要点。此外，为了维持鸣海制陶的品牌形象，我们还要把骨瓷的③、④这两项优点发挥到极致。百元店也卖耐热性能的餐具，如果要和这种廉价品同场竞技，我们就会卷入价格战，对鸣海制陶的品牌造成恶劣影响，我们必须保证产品的质量，让鸣海制陶的忠实粉丝们买到OSORO时感到名副其实。“日常项目”的目标不单单是开发新产品，还要时刻铭记，如何通过系列活动提升鸣海制陶的品牌价值、带来水纹效应。

之所以要重新定义理念构想的要点，那是因为要让全体成员在计划初期就保持思想统一、言语一致，杜绝此后因为认识上的不一致而发生分崩离析的危险。推进项目时，一定要在规划商品的具体形态之前明确大方向，然后切实彻底地执行。在推进计划的过程中，往往都需要相互之间做出一些让步，有时进展不顺难免会焦虑不安，大家都希望彼此之间能快点找到一种平衡，这时一定要回归我们最初设定的大方向。

设计产品

把理念呈现出来

我们尝试过把产品的理念绘制成草图用3D打印机打印出来（图3-9），但实际操作起来很难达到我们想要的那种产品水准。

图3-9：初期草图与通过3D打印机得到的快速成形样本

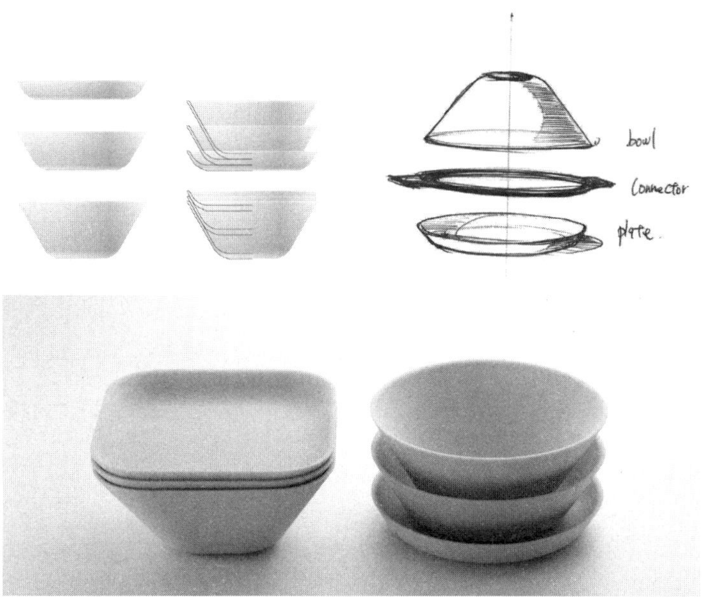

因为我们的产品策划打破了以前的模式，所以骨瓷生产工厂没办法提供我们要求的新材料。要达到目的，要么将骨瓷专用窑投入使用，同时改进黏土的条件，最终成功烧制出不降低鸣海制陶品牌形象的材料，但这还要花时间研究；要么有充足的资金，引进新设备也可能开发出符合条件的材料。最终的方案还是将鸣海制陶三重工厂的骨瓷设备投入使用来开发新材料。

小子，你开过几年瓷器店啊

雪上加霜的是，公司内部还不具备可以生产出这款产品的技术人员。其实，工厂的工作人员早就指出，要达到多层平稳叠放的效果，技术上存在很大的障碍，就连作为资深业务员的计划负责人赤松康次先生也在公司里嘲讽道："小子，你开过几年瓷器店啊？"

但是，做到平稳叠放这一点对我们来说太重要了，它基本构成了这款产品的核心，因此绝对不能做出让步。这个设想不仅适应日本狭小的居住空间，而且我们一旦跨越这个技术难关，鸣海制陶的产品制造能力可见一斑，对于品牌推广也大有裨益。抛开这项宏伟的理念，生产工艺难度小一点的餐具很简单，但是我宁可舍近求远，不管别人说什么都不会在理念上做出任何退让。

我一直认为"未知"本身就是一种优势。正是因为未知才能不落俗套，由此产生革新，因此没必要把"未知"当成一种负担。

无论多少次被质问"为什么一定要做到这一点"，我都一直坚信鸣海制陶能够克服这一技术难关。我的信心来源于跟三重工厂的一次业务往来，当时我们委托鸣海制陶的三重工厂和国内外的几家合作生产商根据草图试做样品，其他合作生产商都理所当然地按照自己怎么方便怎么来改动了草图，只有三重工厂的产品看得出来是一丝不苟地按照草图做出来的。这种对于产品制造的真诚态度是有目共睹的。

在用户调查中，计划尤为重要

做出样品后，为了测试OSORO的特征，我召集了一些接近目标用户形象的朋友，请他们体验并阐发感想。这主要是对项目团队成员的洞察力与从中引申的理念进行考核，而不是为了执行这些用户的全部诉求。

在听取用户的意见之前，必须审慎制定一个方案，要考虑听取的时机和人选，以及怎样灵活展示产品，如何运用收集的结果。经常出现的情况是：一旦开始对自己树立的理念信心不足，马上就去进行资料收集性质的用户调查。这种做法是非常不可取的，因为这样收集起来的统计数据一点意义也没有。尤其是在开发新产品的过程中，这种做法反而会使局面陷入混乱。

把理念建构起来的是项目团队的成员，成员的意见尤为重要。局外人无法理解整体脉络，发表意见往往很不负责任，由此可能导致与原来的理念产生偏差、破坏团队的统一。虽然很有必要吸收外人的意见，但不加以筛选评判的做法是不可取的。光凭在大街上发放问卷的“用户调查”的做法是站不住脚的，必须警惕这种连自己企业内部成员的声音都置若罔闻，却轻易听信局外人的弊病。

但是，如果能有效利用用户的意见，也能够打磨理念，产生新的创意，关键在于筛选能够提供有效意见的人作为倾听对象。把调查工作全权委托给调查公司，随机抽取有时间配合调查的人，这种做法不会产生任何效果。只有把那些与理念构建的人物形象一致的熟人召集起来，才能获取有效信息。

OSORO进行了激发积极启示的调查后，认识到实际生活中很多人都会把餐具当作烹饪器具来用，也了解到人们的确有把吃剩的饭菜原封不动地放进冰箱保存的习惯，还注意到“必须重新审视从做饭前的准备到将餐具归置到餐具柜这一系列生活场景”。之前我们一直致力于开发餐具本身的功能，却发现消费者看重的是产品与自己生活的关联性，这一发现为我们指明了OSORO今后应该努力的方向。

审视日常，改进系统

通过收集用户意见，我们了解到人们十分期待餐具和烹饪器具实现一体化。当时硅胶材质的烹饪器具盛行一时，但也有很多人反映有点排斥这种餐具直接端上餐桌，它容易变形、性能不稳定，人们吃饭的时候总感觉不放心。而且，鸣海制陶的员工对于陶瓷餐具过分自信，坚信陶瓷餐具才能让餐桌盎然生色。于是，我们梳理了一套餐具在一天当中如何从烹饪到被端上餐桌的一系列场景流程（图3-10）。

图3-10：通过时间轴进行梳理

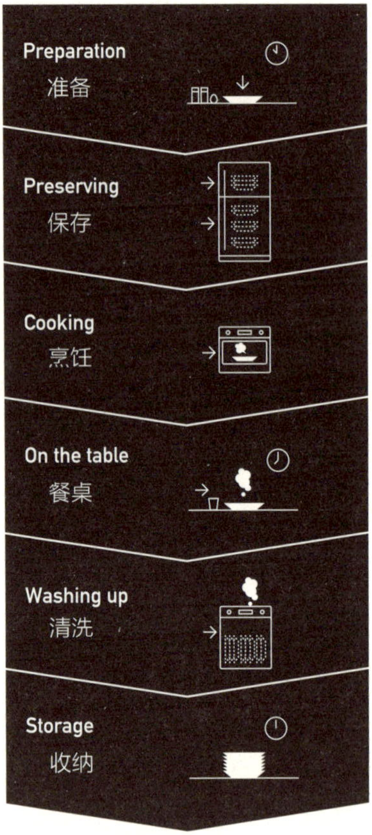

与用餐相关的场景不仅是餐桌。通过时间轴观察餐具的使用方法，可以发现多种应该设计的要素。

这样一来，我们考虑到了烹饪之前需要做食材处理的过程，准备好的食材要放进冰箱，做饭时再把冰箱里的食材取出、烹饪、食用；吃完饭要洗餐具，也有的家庭用洗碗机，洗完还要摆到橱柜里，这就是“餐具的一天”，日复一日地重演。

为了让消费者清晰地认识到新产品的价值，我们感到有必要赋予餐具一些新功能，让人们享受这一天与食器打交道的过程，那就是要让它既能保存食物，也能烹调食物。这究竟是怎样的一种形态？我再次审视了自己的生活经验，发现我们在烹调食物之前，通常在装食材的塑料材质保鲜盒外贴上一层保鲜膜，我们对此习以为常，但是如果让一个餐具兼备储存食物和烹调食物的功能，不是更快捷方便吗？于是密封环和加盖设计应运而生。

其实我自己家里的锅碗瓢盆分门别类放起来也很占地方。虽然塑料制的保鲜盒叠放在冰箱里还算方便，但将食物从餐盘转移到保鲜盒里很麻烦，这样一来还要多洗一套餐具，但如果不用保鲜盒，餐盘又很占冰箱的空间。

保鲜膜不知从什么时候起就已经深入寻常百姓家了，但毕竟是塑料制品，每天大量地消耗必定造成各方面的不良影响。因为整个社会正强烈呼吁可持续发展，我们在开发新产品时必须关注资源分配和环境问题。而且，市面上已经有商家在出售保鲜膜的替代品——硅胶，却没有得到消费者的一致认可，原因很简单，因为硅胶的尺寸、形状都不贴合餐具的大小，而且硅胶很薄，清洗麻烦，并且不易晾干。

这时，我转念一想——我们是不是可以做出一种贴合餐具大小、硬度适中的硅胶来，解决上述消费者面临的问题，让他们用起来更方便？不仅替代了保鲜膜和硅胶，还有效解决了厨房收纳空间局限的问题。我将此前种种零散的问题归结到一个系统当中，期望着为消费者构建一个更宜居的生活状态（图3-11）。

在过去，日本人总是倾向于一物多用，这样使生活更简洁，这是日本人独特的创意。因此，有必要吸取从前的生活经验，将其重新注入到新式生活中。由此，我感到“温故而知新”是何等的重要。

开启对不可能的挑战

我之所以考虑用硅胶做配件，一方面是为了提升餐具的性能，另一方面也希望在成熟产业中寻找突破。硅胶是工业制品，因此要实现批量生产并保证形状和尺寸的毫厘不差，但是，餐具算是半工业制品，需要机器参与生产，但仍然依赖于人的双手和自然的塑造。而陶制品经过烧制会产生收缩现象，放进窑洞之后的变化只能“听天由命”，尤其是在一道加热固形的称作“热固”的工序中，变形尤为不可控，如果收缩程度一致还好，但问题是每一个陶器的收缩都是不规则的。因此，一

图3-11：保鲜膜与保鲜盒的替代品

餐具系统替代了保鲜膜和保鲜盒，有效解决了厨房收纳空间局限的问题。OSORO将此前种种零散的问题归结到一个系统当中，成就了用现代的解决方案贴近生活的产品。

开始大家都认为工业制品的硅胶和半工业制品烧制的瓷器不可能实现配套。

然而，我想，“在陶器烧制上难以避免收缩而造成的误差”真的难以避免吗？从餐具制造理论上看似乎确实如此。但我曾有所耳闻，巧妙地控制变形是工匠的技能，也是制作餐具的最高旨趣所在，因为我在参观工厂时看见过鸣海制陶所引以为傲的、那些摞得高高的餐具，所以我坚信鸣海制陶可以消除这个障碍。

为了控制陶器在窑中烧制时的自然收缩，以及为了与工业制品的硅胶配套，必须将误差控制在±1%以内。对不可能的挑战就此拉开序幕，这也是本项目最大的难关。

较真儿起来难免产生摩擦

把误差控制在±1%以内，要实现起来非常困难。将新开发的材料放在三重工厂的骨瓷生产设备上投入生产时，完全无法做出令人满意的形状，一时也找不出解决方法，开发陷入僵局，感觉走进了死胡同。项目的各位成员都按捺不住焦躁的情绪，团队中出现了不和谐的声音。

“真的有必要继续在这个小细节上耗费时间、精力吗？”

“这时候应该灵活一点，找一个折中的方案吧！”

各种意见袭来，有时还会引起冲突。但是，我总是回应道：“你们觉得为什么要进行这个项目？”我甚至放出狠话，如果没有坚持到底的决心，现在就应该立刻放弃这个项目。

计划决然不会一帆风顺，自然会有迂回曲折，如果是要创造史无前例的新产品更是符合这个规律。多数情况下，一旦遇到这种困难和考验，人们很容易沉不住气，降低对目标的要求，变得急功近利。然而，这样就扼杀了创新，因此必须包容摩擦的客观存在，绝不能轻易妥协，退而求其次。

传说中的“模型元老”协力相助

那段时间，我听说公司为了培养年轻的技术人员，要召回一位退休元老，听闻他在公司中是模板一样的存在。我想，从他身上或许能找到什么思路，于是请求和这位技术人员会面。想到他已年过70，不知道能否理解现代生活的理念，我对此深感不安。

像抓住救命稻草一般，我与冲田正友先生见了面。因为是第一次见面，我很发愁不知从何说起，索性单刀直入地诚恳说出了我决心要做的事情、这件事对于鸣海制陶的重要性，我又是如何带着一腔热情迫切地想要为这个世界带来一些改变。冲田先生一直沉默不语地听我说，等我一阵侃侃而谈过后，他才说出这句话：“看来这活儿必须我来接啊！”

后来我才得知，当时冲田先生手里并没有任何确切证据表明可以实现该项技术，直到我去听取技术突破的结果报告时，他才说："虽然当时我满口答应，但后来才知道自己承接的是一项多么了不得的工程。你可别再设计这种东西了！"但是，正是因为遇见了冲田先生，OSORO才向成功迈出了一大步，我也由衷钦佩冲田先生的匠人精神，感激之情难以言表。

这位专家的加入使得开发进度迅速加快。此外，以技术总监岛千明先生为首的技术团队对陶土与釉药的混合搭配反复进行了200次试验，由此，符合NARUMI品质的新材料被研发出来，新材料（NARUMIO）被证明可以投入到OSORO的生产当中。

以前做模型都是采用做雕塑的形式——用石膏等可塑性素材进行灌浆固定形状的技术，但OSORO率先采用先按照数值构图、描绘形状，再严格地按照这个尺寸投入生产，如此一来，我们终于实现了工业制品的硅胶封闭环和盖子及半工业制品的陶瓷完美衔接的理念。经过这样一步一个脚印的研究，我们创造了新价值，实现了革新的目标。

设计沟通

几经艰辛，OSORO终于问世。但是，我们的工作还没有结束，产品做出来之后还要实施沟通战略，向消费者传递产品的价值。

一般而言，一个项目的产品做出来之后，设计师就功成身退了，销售往往都是在脱离创造该项价值的设计师的情况下进行的，但这种做法存在很大的缺陷。

所有的项目都会面临一个问题，那就是随着时间的推移，加入的局外人越来越多，产品最初的理念和它的"轮廓"会逐渐模糊。尤其是当相关信息在公司内外散播开来的时候，很容易陷入产品性能之争。

不管外部如何议论，我们绝对不能曲解自己构建起来的理念，一旦出现了矛盾或偏差，就很难明确向消费者传达什么内容，还模糊了项目的评价标准。

因此，我们一定要明确地告诉消费者：这个产品的创新点在哪里、产品的创新过程有什么故事。企业只有贯彻向消费者传递产品价值的责任，才能赢得消费者的信赖。在我看来，这种沟通的重要性绝不亚于产品开发。

在项目初期达成明确共识

我在项目初期的构思阶段就确立了“主格调”。事实上，在商品完成之后才开始沟通战略是不恰当的，战略在产品开发之初就应该确立。确立“主格调”就是为了让全体成员对OSORO理念达成共识，从而对项目的前进方向坚定不移。于是，直到产品最终发布，团队一直沿着主格调指导的方向向前推进。

按照以前的做法，设计师通常都是在做出策划之后才开展设计活动，这样的策划在高层会议上遭到否决，往往跟项目初期没有纳入设计活动有关。无论在表述上逻辑多么严密，如果不能说清楚“具体指的是什么”就无法达成有效沟通，而且在很多情况下只停留在现状分析上，没有给出具体的解决方案。为了避免这种损失，进而提高工作效率，策划一个项目时，需要从一开始就勾勒出具体设想，并做好充分的准备去展示自己的创意。

在OSORO项目中，我们不仅在口头上对项目理念进行了整理，还当即讨论了产品设计，也就是如何将理念呈现到实际产品上。我们不光用2D画面呈现出来，还做出3D动画，并马上用3D打印机打印出样品。有了样品，设计师就可以比照理念，考虑如何加以改进。3D打印机的出现使得原本十分耗费时间和金钱的实物样品瞬时呈现，还不会打断工作人员的思路，工作效率得以大幅提升。让项目相关的成员凝聚一心，切身感受“触手可及”的实物模型尤为重要。只凭空想象、分析纸面上的数据，只能得出无关痛痒的结论。

我在OSORO项目中为了让成员切身体会到点滴进步，在每一个阶段都在逐步打磨“主格调”，而且，每当产品开发有了新进展，我也会用心揣摩怎样更好地传达我们的理念。

实物样品能触发人们的积极心理

主格调和实物样品也有助于触发项目成员和公司其他人的积极心理（图

3-12）。一旦将实物摆在眼前，就能让人感觉这个产品一定会做出来，从而带给人一种积极的心理暗示，进而调动项目成员的积极性。而项目之外的人也会感觉项目在持续推进，这样一来十分有利于争取公司里更多人的支持。

图3-12：最初的“主格调”

直到产品完成，团队一直秉承着最初的理念与构想，经常一边观察“主格调”，一边讨论应有的行动。

人们总是很反感长篇大论的解释，而总是讲一些听者早就懂了的东西更是无聊透顶，这样还不如把素材抛给他们，最好是那种一眼看过去就能凭直觉判断好坏的素材。至于个人好恶还在其次，最好先让他们用直觉去判断这个创意的可行性。不可忽视直觉的重要性，直觉不单单是一种偶然性的判断，其基础是一个人多年以来生活经验的总和，大脑在那一刻做的是综合性的判断，也就是说，直觉里根植着一个人的价值观标准。反过来说，如果某个人不认为一个东西是好的，不管你怎么解释都是无效的。但是，沟通本身就是依靠语言进行的活动，由于每个人经历不同，沟通不可能总是畅通无阻的，所以在沟通中跨越语言的壁垒非常重要。希望大家都能相信自己的直觉，因为每个人都是独一无二的，每个人的直觉其实都是一笔不可共享的财富。

如何跨越语言的壁垒

我在OSORO项目中，一直极力地用以图像表现信息与数据的方式进行沟通。比如说，我用图标来说明可以在餐具上印字的功能（图3-13）。OSORO的封盖用的是环状连接设计，当时我的考虑是，设计当中要处处凸显OSORO的品牌标识。

图3-13：功能说明图标

在以往的设计当中，我最苦恼的就是怎么把信息用图像化的方式呈现出来。日本很多家电产品的说明书上都是密密麻麻的文字，消费者需要费尽心思去琢磨其中的意义，因而会感到很有负担。而且，用词是否恰当姑且不论，实际操作起来往往还错漏百出。还有一种情况就是，在日语叙述的文字旁边又附加注释。就好比在日本的大型交通枢纽，注释太多反倒让人找不到目的地的标志。日本古代曾有像"家纹"这样符号化的文化渊源，因而日本人比较倾向于用文字做标志，大街上到处都是文字。但在欧洲，类似车站这种公共场所总让人感觉比较简洁。欧洲向来就是民族、语言混杂之地，正因为天然存在着这种语言壁垒，所以在传递信息时会尽量避免只用语言文字，除了文字以外，还经常辅以图案来表示。来到欧洲的人，即使看不懂文字，看到这些图案也就明白意思了。

采用图像代替文字进行表达更醒目，瞬间夺人眼球。在传达一个信息之前，首先要调动对方接收信息的意愿，如果是文字说明，还要费工夫去解读单词和文章，但图像信息可以在一眼之内传递大量的信息，解读文章依靠左脑，而处理图像信息则依靠右脑。正如语言不是万能的，图像也不是，我并不是说要从文字和图像之中选择其一，而是要根据实际情况配合使用。

在这里稍微延伸一下话题，日本人似乎是出了名的不会做展示。PPT上铺满了细密的文字，虽然投影之后大家都看得到，但是发言人大多还是照本宣科，听者肯定会觉得很无趣。我在以科学、娱乐、设计为主题的国际学术研讨会“TED × Tokyo2013”上做发言人时，主办方三令五申“PPT上尽量不要出现文字”，虽然我在准备讲稿时已经在极力避开文本形式，但出现的少数几处还是被指出来了。

投影展示不用文字主要是为了让听众集中注意力到说话人的发言上，发言人也是希望听众听自己说话的，声音可以表达丰富的感情，通过发言时的表现可以直接传达主讲人的热情。文字的沟通是存在障碍的，我希望读者能够记住这一点：区分使用图像和文字这两种工具可以帮助我们实现更有效的沟通。

视觉沟通的效果

视觉沟通的好处是可以跨越语言的壁垒传达理念。OSORO产品发布时我们还分发了《理念手册》（http://www.osoro.jp/images/OSORO_book.pdf），手册不仅对其功能进行了解说，还用图像说明这款产品能节省多少收纳空间和水资源，以及耐热承受范围等实用信息（图3-14）。我想，正是因为OSORO符合日本现代生活方式的理念，并且能引起世界多国人士的共鸣，才得以斩获多项设计大奖的吧！

我在考虑如何打开沟通渠道的时候，关注的不仅仅是营造一种怎样的氛围，我认为在这个产能过剩的时代，一款产品一定要有理有据。总的来说，就是要让人们感受到这款产品能在多大程度上改善目前的生活。

我们决定在2011年年底将OSORO推向市场，当时日本还沉浸在东日本大地震的伤痛之中，怎样才能触动消费者的内心呢？项目一时陷入了困境。在那之前，“生活方式”这个词语就十分盛行，很多公司都拿这个当噱头，制造一种时尚的氛围。考虑到这种风气与当时的社会背景格格不入，也不符合OSORO的宗旨，不利于提升品牌价值的目标，我们是没办法沿用的。我们就这个问题展开了很多讨论，我提出，既然OSORO是制造型企业，就应该实实在在地给出明确的证据来说

图3-14：通过全图像化说明产品的实用性

OSORO的目标就是实现跨越语言壁垒的沟通。因为该产品可以耐受-40℃到+220℃的温度差，可以把冷冻保存的食材直接拿到微波炉中加热烹饪。如果将餐具柜里塞得满满的瓷器换成OSORO，就可以空出三分之二的空间；只用OSORO就可以解决食材的保存、烹饪、盛放问题，使用餐具清洗机也可以省水；使用微波炉烹饪，也可以减少二氧化碳的排放。而且，如果把OSORO餐具应用到所有场合，就可以节省更多时间。《理念手册》用图像呈现出了这一系列的价值。

服消费者，我坚持贯彻“实证主义”。

日本人的解释能力很差，“一切尽在不言中”反倒是美的一种体现。这确实是日本人特有的沟通方式，有时候也让人觉得很贴心，但是这种暧昧也会带来沟通障碍。而欧美文化中把解释当成一种责任，所以把积极地说清楚“为什么要生产这款产品”“制造什么样的一款产品”“为了谁而生产这款产品”“这款产品怎么用”这些内容当成理所当然的。

虽然日本人解释能力差，但在购物时通常都会参考产品的说明，其实日本人内心还是追求一套让自己满意的解释的。戴森的吸尘器就是一个很好的例子，这款吸尘器让人印象非常深刻，设计很独特。更重要的是，它对设计中蕴含的功能进行了充分的实证说明，让消费者对这款产品的优点一目了然，而且这种说明不是在刻意营造一种氛围，而是冷静地传达事实，这种说明方式在日本还十分罕见。

日本家电的设计和沟通渠道的战略往往没能贴近用户的思维，而且只停留在感官上的刺激，因此导致设计出来的产品大同小异，没什么特点。感性价值当然也很重要，但用户对产品的信任不是更重要吗？尤其是在餐具行业，这种思路还比较新。人们还停留在“餐具是餐桌的装饰”这样的想法上，还谈不上对餐具的性能有什么追求。但是，时代变了，消费者暂时不考虑喜好了，开始理性思考“为什么一定要买这一款产品”了。

图3-15：OSORO的促销影像

通过图像信息与CG动画，传达了“全新的瓷器”的理念。
（观看影像资料可登录http://youtu.be/X11pOKbwI64）

总之，我采用图像化的方式把产品的性能呈现出来。同样是表明削减了多少比例，相比文字表述，图表更一目了然。

图像化的说明包括印刷品、影像资料和展台设计（图3-15、图3-16），保持整体一致很重要。如果每一项都换一个负责人，任其自由发挥，就不能在整体上保持一致，很难唤起消费者对某个品牌的认同感，最终使得一个品牌沦为平庸。

图3-16：OSORO发布会的展示台

通过信息图像化的方式，在墙壁上展示了产品的实用性能，鸣海制陶借助OSORO全面传递了“对社会体系进行了重新思考”的信息。

贯彻某些准则、规范可能会增加管理的难度，但反过来想，依照准则、规范行进能创造一个良好的局面，处理起问题来条理更清晰。如果能给人一种“管理上高度一致”的印象，一定能有力提升品牌认知度，因为品牌就是建立在信任的基础之上的，精心管理的品牌才会让人感觉值得信赖。

不再向别人看齐

OSORO发布之际，同时发布的不是普通的产品手册，而是我们首创的一种理念手册。因为OSORO发布的意义超出了产品发布会的范畴，还要接受类似“鸣海制陶是怎么做到这一步的”这样的提问，这本理念手册就算是为了这样的应答做准备的。

这本理念手册的整体基调由此奠定，此外，最重要的是让人们意识到这是一项“横空出世的创新”。

在策划理念手册的会议上，与会成员提出了很多种方案，有人建议对生活方式进行全面展开，也有人主张把焦点对准开发的历程，从而打动消费者。但我提出了与所有人都截然不同的意见，因为我深知，项目进行至今，能做出OSORO，我们是秉持着打破业界的传统观念的信念一路走来的，我们对自己所做的努力是深信不疑的。为了更好地展现这一点，我们在对外表达的时候不应该停留在营造气氛和感性情绪上，而是要经常从熟悉的环境中跳出来客观地审视自己。

这款产品是客观冷峻的，它颠覆了传统餐具概念——这就是我想表达的理念。说实话，刚开始，项目的大部分成员都表示质疑和不理解，但我仍然坚持自己的看法，既然我坚信一直以来所做的一切都是正确的，与其考虑其他各种各样的方案，倒不如遵循自己的直觉。很多时候，人们总认为“一致看齐”才是对的，在我看来，很多人并不是因为相信自己的判断，而是为了获得一种认同感才和别人保持一致，还会拿“因为别的公司也是这样的”之类的话当借口。

《理念手册》[1]是微型小本，一共32页，因为要全方位介绍新产品，所以涵盖

---

1 了解手册详细内容，可登录http://www.mtdo-ch.com/works/osoro/OSORO_book.pdf

的信息量很大，而且是日英双语版。如果没有为展示会上的很多海外记者准备合适的资料，将会是致命性的过失，即便后来再送上英文资料，但很可能已经丧失了报道的良机。正因为考虑到了这些，OSORO才得到了海外媒体（*Wallpaper*和CORE77等）的实时报道。

语言的力量的确不容小觑，措辞上的细微差异也可能产生误解。OSORO项目里的两位十分有才的成员完成了日语和英语两个版本的文章撰写，我想，正是这种简洁中带有浓浓幽默感的文风把OSORO推向了多项国际大奖的舞台。

在视觉表现方面，我们也进行了多种尝试。关于产品性能的内容大多采用CG动画来表现，其中极力排除情绪因素。在宣传严密的尺寸体系方面，我们尽可能冷静地叙述。如实地呈现OSORO的质量和再现实际生活场景的情况下，我们采用了实物照片的形式。

实际上，在编纂《理念手册》时，我有一个没能实现的遗憾，我想讲一个寓言故事，由于遭到公司的反对最终被迫放弃了。因为我在多次演讲中都提到过这个事情，所以也放在这本书里供大家借鉴。

OSORO的诞生几经磨难，同时也让我深刻体会到在这个行业追求革新的诸多不易，我想，何止鸣海制陶，很多制造业公司都面临着这种困境。因此，我想和更多的人分享鸣海制陶成功创新的这段历程，还望这方面的从业人员再接再厉，不断推陈出新。但是，如果一本正经地写文章表达我的这种想法，恐怕难以引起关注。因此间接地采用寓言的形式，在宣扬鸣海制陶勇气的同时也希望能引起日本产业界的关注。

然而，我这个创意没有被采纳。可能是因为公司内部不完全是积极向上的状态，难免以偏概全。而且，OSORO能否得到这样的高度评价也未可知，如果这时突然用一种独树一帜的展现方式，可能会带来别的不良影响，这些顾虑都是可以理解的。

因为是首次公开这个寓言故事，所以我事先做了以上一段说明。正如前面提到的那样，这篇寓言隐含着间接地向日本产业界发出某种信息的意味。父母们可能都给孩子读过绘本，我也有过这样的经历，觉得寓言既带有讽刺性又能给人启发。而且，因为是一种间接的表达方式，所以能够在摆脱说教性质的同时，又包含着大量的经验教训，能让人一口气读下去，读完还会有所感悟。文字描述虽然没有翔实的描写，字里行间却触发着人们的想象力，让读者联想到自己，插图还能进一步激发读者的想象力。这样的内容可以发动左右脑协同运转。因此我希望大家在了解OSORO的时候，既运用右脑进行感性判断，又运用左脑进行逻辑分析。

我想用这张图来表达初遇鸣海制陶时的真实心情（图3-17），它虽然气质出众、纯粹自然，却对外边的世界一无所知，如果能稍微改变一下它的思维，它就可以实现华丽蜕变。在OSORO项目中，我在不断试探鸣海制陶的边界，不断地提出质疑。接下来请大家比照着已经找到了前进的方向、进入新境地的鸣海制陶和这位公主进行阅读（图3-18、图3-19、图3-20）。

图3-17：我对鸣海制陶的第一印象

在陶瓷器行业里，将餐具的表面称为“皮肤”，它美丽而有光泽。NARUMI公主的服装采用了骨瓷代表系列——米兰彩绘花纹。

OSORO的发布

OSORO于2012年6月在东京国际展览中心的“室内家居”国际展销会上首次亮相。该场展销会立足东京，展望世界，以“生活家居”为中心，瞄准了室内设计市场。参照德国法兰克福举办的世界顶级国际消费品展“法兰克福春季消费品博览会”和以家用与商用纺织品为核心的“法兰克福家纺展”两大展会，每年6月和11月在日本国内举办。展销会的主办方是mesago法兰克福会展公司，这是一家以法兰克福为据点的驻日企业。这场展销会的特点就是，参观者和展出者对设计保持着同样高度的敏锐，展销会接受着国外的潮流店和热门的设计商店的各方采购人士的检验，而且，国内外设计领域的媒体都会跟踪报道，这是OSORO在国内发布的绝佳机遇。

我们在2011年末决定正式发布OSORO，所以从2012年初开始筹备发布会。一个孕育了三年的项目，势必对鸣海制陶品牌的命运产生重大影响，因此必须充分地准备发布工作。于是我们马上着手展台设计、影像制作、文案撰写等工作，并召开鸣海制陶下一步工作的研讨会议，向全体成员说明OSORO项目的理念以及这次发布会的重大意义。这时必须让全体员工朝着一个目标——为了发布会的顺利举行而团结一心投入到工作当中。为了达到项目的最终目标，必须召集最优秀的成员组建团队，充分发挥每一个人的潜力。当我还是一个内部设计师的时候，我就见过大量的条件反射似的把任务直接全权交给同一家广告商这样的反面教材。

OSORO产品在展销会上的发布，还意外获得了“2012家居生活设计奖”（设计商业类）。这一奖项授予所有展出方中最具商业创意的设计。也就是说，这一奖项不拘于产品设计本身，还对展台设计、互动方式等方面进行综合性的考量。我从事的是设计管理，这个结果正是表明了对设计管理的认可，我感到十分光荣，为自己的理念能在这种公开的发布会上得到认可而兴奋不已。

图3-18

名古屋的森林公主

很久很久以前，在名古屋的森林深处有一座雄伟的城堡，城堡里住着一位优雅高贵的公主。

她叫NARUMI公主。

公主的肌肤美丽而有光泽，风姿出众，生活高雅，一直被人们所憧憬。

公主举行的茶会与晚餐会总是客人云集。

但随着时间的流逝，不知从何时起，再也没有人来到城堡了。

“为什么现在没有人来参加如此高雅的聚会了？”公主百思不得其解。

“明白了！我要变得更加优雅美丽才行啊！”

公主开始装扮自己，使周围的人都大为吃惊。

有一天，一位老奶奶来到了城堡。

“感谢您邀请我来参加茶会！”

公主看了一眼老奶奶的样子，便说：“这里是大家向往的地方，我不打算邀请没有身份的人前来参加。”

老奶奶沉默片刻，这么说道：“多么可怜的公主啊！以前是那么美丽纯洁……”

这么说着，老奶奶变成一位美丽的魔女，把公主变成了一头熊。

城堡里的侍者不知道公主被变成了熊，所以公主想回自己的房间时，被城堡的守卫赶出了家门。

无处可去的公主漫无目的地在森林里走来走去，筋疲力尽，不知不觉间来到了森林里的一座小山丘上。

图3-19

从小山丘上眺望，公主看到一个充满活力的小村庄。

循着热闹的音乐声，公主悄悄地走下了山丘。

她被震惊了。

焕然一新的小村庄映入公主的眼帘。人们之间没有争执，互帮互助。而且，这里的生活远离浪费，自然生态。

人们珍视自己的个性，乐于表现自己，社会已然改变。

这时，从一间房子里飘来香气。

“这么说起来，一直在走路，肚子也饿极了！”

公主从后窗向房间里看，看到美味的食物盛放在洁白的餐具里。

公主悄悄地钻进屋子，一口喝光了汤。

“啊！真好喝啊！”

这时候，这家人回来了。

“啊！快把熊赶出去！”

公主慌忙地从这家逃了出来。

“为什么我要遭受如此待遇？”

公主无法理解，十分悲伤。

此时，公主想起了魔女离开时说的话。

“她说我以前非常美丽，这究竟是什么意思？”

如果不找到这个问题的答案，公主就无法变回人类。公主回到森林里拼命奔跑，寻找之前的那位魔女。

图3-20

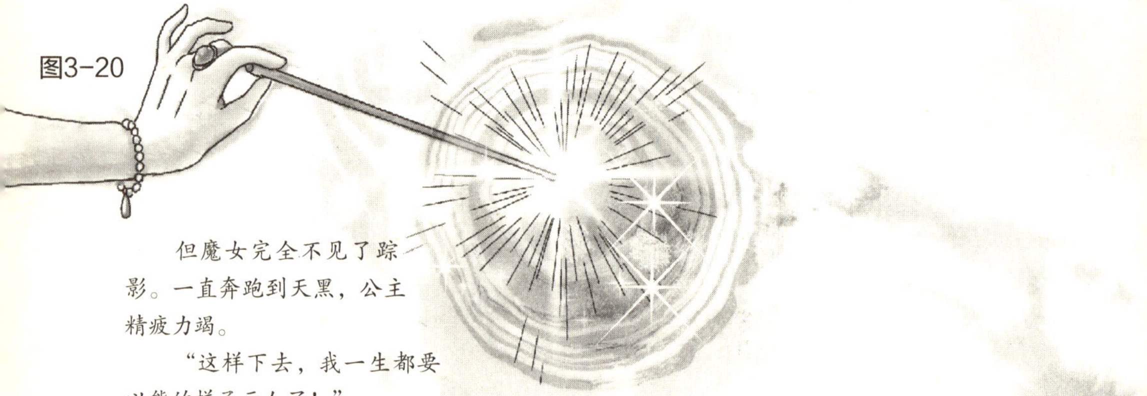

但魔女完全不见了踪影。一直奔跑到天黑，公主精疲力竭。

“这样下去，我一生都要以熊的样子示人了！”

魔女出现在痛哭流涕的公主面前。

“啊！魔女！我到底应该怎么办才好？”

魔女温柔地对公主说：“你看到这个村庄有什么感受？”

公主歪头思考。

“时代已经不同了，真正的你应该纯洁、有爱心，这种心灵才美丽。从今以后，试着为了所有人的快乐而改变吧！一定要给这个村庄所有的人带来快乐！”

公主感觉自己从魔女那里得到了过去被自己遗忘的宝物。

“我会这么做的！”

说出这句话的同时，灯光下的公主又变回了原来的样子。

公主感受到自己从内到外的美丽，心情一下子轻松起来。

公主回到城堡，为了让大家看到重生的自己，举行了一个崭新的聚会。

这不是为了使自己快乐，而是为了给予每个人幸福。

能够做回自己、展现真正的自我，公主的人生才真正美丽而快乐。

虽说获奖让我感到无比光荣，但更让我高兴的是团队成员们在会场上激动的神情。展销会持续了三天，因为鸣海制陶是第一次参会，所以一开始每个人看起来都很忐忑不安，担心展台没有吸引力。面对这样一个评判检验自己工作成果的大舞台，大家都会很紧张。但这种担心最终被证实是多余的，刚一开场，人群便蜂拥而至，虽然全体成员都在接待顾客、进行解说，但人手还是完全不够。人们对这个神秘的产品表现出相当浓厚的兴趣，不断有人问“这是什么啊”。可见，客人永远都是坦诚的，一遇到新鲜事物，马上就会向创造者反馈他们的欣喜之情。

我现在还记得鸣海制陶的主管大惊失色的样子，他看到展台前人山人海，完全不知道发生了什么，只是站到一旁，抱着胳膊远远地观望，看着团队成员眉飞色舞地反复向来客解说，主管似乎很享受这个场面。展会的第三天，我们送走展台的最后一位客人时，项目主管赤松先生说了这样一句令我终生难忘的话：“在鸣海制陶工作这么久了，这次最开心！”他的眼睛中闪烁着光芒，年过50的人还由衷地为自己的成长而高兴，这一幕让我不禁热泪盈眶。看着他，我发自内心地觉得：这种笑脸正是我最想看到的，我想让鸣海制陶的所有人都能够收获这份喜悦。

这正是设计管理的职责所在，不光要设计产品的颜色和外形，还要统筹方方面面，即便是那些看不见的细节。正是在这一瞬间，我意识到了设计管理的真正力量所在。

设计体验活动

在OSORO发布后，我们开展了多场产品体验活动，以前鸣海制陶只有将产品摆在百货店的餐具卖场里这一种做法，所以这次的种种活动对于鸣海制陶的职员而言是前所未有的。体验活动的目的不仅是展示产品本身，还希望消费者更深入地思考饮食生活，从中探索乐趣。虽然最终还是要把重点放在产品销售上，但我更想让终端用户认识到：OSORO将引领鸣海制陶走向何方。接下来才是让大家了解OSORO的产品特点，让用户自己去探索餐具和它所处的环境。

当今时代物质丰富，人们想要的未必是一款完整的产品。智能手机就是这样，用户买了手机之后，自己决定添加什么应用程序，这样一来，人们就可以按照自己的方式来用手机，还会主动把自己觉得好的应用告诉别人，从别人那里得到推荐也会很开心。

对于项目成员来说，在活动中和用户直接接触是最开心的。此前能够和用户近距离接触的只有公司里的一小部分人，鸣海制陶要面对的就是要买产品的人，而没有真正和用餐具的人接触过。用户能有机会对别人说出自己的想法是十分高兴的，而且，我们意识到体验活动也是收集用户需求的良机。

和人接触产生的喜悦能直接为接下来的工作提供动力。人一旦被认可就会充满干劲，不光是小孩，大人也是如此。即使事情不会如自己所想的那样发展，内心也能坚定不移，产生新的发现与发明。光坐在办公桌前思考怎么提高效率是没有结果的。为了接近事物的本质，耗费时间、精力都是必需的，这是唯一的途径。虽然做事应该干脆利落，但简单应付是绝对行不通的。

图3-21：活动海报

活动策划不能全权委托给活动公司，需要企业员工自主思考。这样一来，员工可以时常意识到“为什么”，发现自己应该做些什么。最了解企业的正是企业里的员工。

图3-22

项目的核心成员也接受了邀请。他们作为企业员工，平日忙于工作而没有机会出头露面，为这些人制造登台的机会极其重要。他们可以进一步感受到被人关注时的愉悦的紧张感，同时增强对产品的责任感。产品的发布、销售并非终点，真正的竞争才刚刚开始。这样想来，通过企业自身努力可以做到的事情可能还算简单（照片左：项目领导赤松康次先生 照片右：外形设计师福高伦人先生）。

鸣海制陶的总经理也出席了这次活动。在这个可以看到用户的真实反应的地方，管理者的参与非常重要。建议管理者不仅参加，还需要一起体验。如果参与其中，就可以理解项目的本质。拥有和终端用户共同体验“快乐”的能力，可能正是管理者所需要的能力（照片：鸣海制陶总经理松川力造先生）。

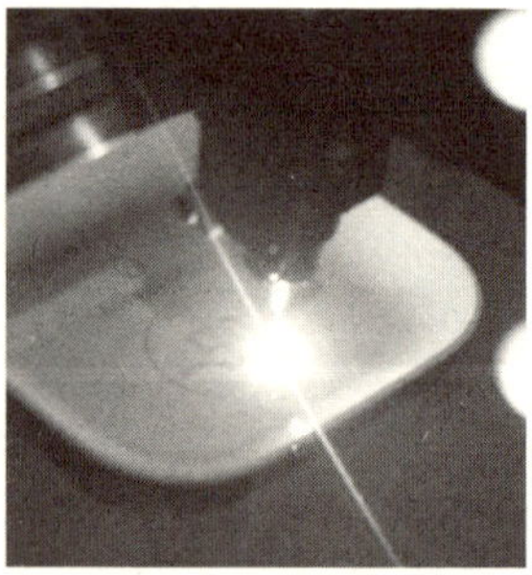

会场设在涩谷的FabCafe。我们的计划是通过激光束使人们直接感受到，OSORO项目从全新的切入点开始设计餐具。“还是第一次看到这样的！”让人们震惊非常重要，震惊可以激发人们内心的兴趣、同感和期待。

图3-23

我们还邀请到了一位与产品策划阶段假想用户形象接近的女性，她以自己最直接的体验来进行展示。制造商当然会传达产品的优点，但通过第三方直接传达意见，最容易引发消费者的购买欲。可以把“职场母亲”这一真实背景反映在产品上，也能够传达瓷器的存在可以为生活提供新的价值这一信息。包括这位展示者，认同OSORO的女性至今仍会主动地在推特上更新餐桌使用图片。

在产品功能方面，我们邀请了一位开发菜单的男性烹饪师实际烹饪，同时由他介绍产品的特点。消费者在店面看不到餐具盛满食材的样子，很难实际传达餐具的使用效果以及如何使用。在这里，最重要的就是切实地烹饪和品尝。另外，虽然餐具的主要目标群体是女性，但它通过饮食提供的价值却是不分男女老少的。为了接近这一实际需求，我们也邀请了男性。

DRESS
编辑部影山桐子女士

EAT TOKYO
董事长斋藤优先生

图3-24

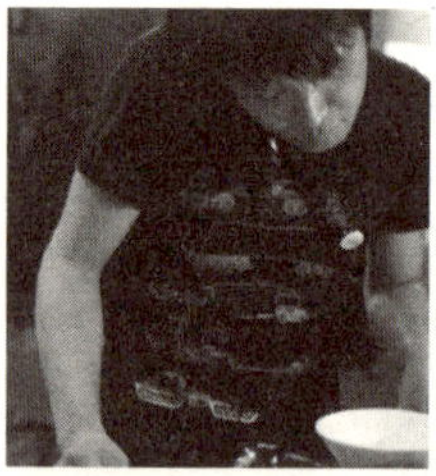

DJ兄弟Jin Hiyama（左）和Go Hiyama（右），共同经营音乐制作公司echoes breath ltd。他们为活动日制作了OSORO的专属混音。

活动后半段，为大家提供了享受美食与音乐的时间和空间，使大家共享大好时光，留下美好回忆。在唱片机转盘上旋转的OSORO餐盘引发了参与者的欢笑，使活动更加刺激。

与人接触的喜悦直接关系到员工之后的动力。在活动过程中，和用户直接碰面，不仅可以传达自己的理念，还是理解用户需求的良机。

OSORO正式发布后，我们面向消费者举办的第一场活动是“OSORO迷幻摇滚”（图3-21、图3-22、图3-23、图3-24）。会场设在涩谷的FabCafe，那是一个可以完美呈现数字化场景的地方，所以活动设置了激光模拟和激光束来激发参与者的好奇心，同时让人们切身体会这款产品是多么时尚前卫。

活动流程第一项是讨论产品开发背后的故事，让人们亲身体验OSORO餐具，从而了解它的各项功能，尝尝亲手做好的饭菜。最重要的是，让人们置身于DJ音乐和美食交错的空间里，让人们对OSORO带来的这段“美食时光”留下美好的印象。一系列的体验活动下来，主要就是要让人们留下“很快乐”“真有趣”的回忆。快乐的情绪能让人放松身心，这样放松的心情也能有效改善他们今后的生活质量。

为什么总是把目光落在直接目的上呢？对于设计来说，为了让终端用户的生活更加舒适惬意，哪怕通过一些间接的途径来实现也无妨，关键是要发散多个角度去探索，极力接近事物本质。因此，一定要对外明确地传达公司文化和与时俱进的经营理念，而且要让这种公司文化和经营理念在公司内部深入人心。

此后OSORO也持续开展了不少活动（图3-25），有的是面向终端用户的，有的是面向媒体的，但所有活动的核心是保持一致的，本质上都是为人们创造一段享受美食、舒适惬意的休闲时光。活动的主角一定是人，而不是产品本身，我们的活动理念就是让参加者乐在其中，用心设计出让参加者感觉趣味盎然的活动环节。

体验活动是公司和终端用户最初发生连接的地方，因此，活动内容越是带有实验性的成分，主办方将越能从中得到有效的回馈；而如果将活动全权委托给公司外部，外部人员就很难具备这种高度的主人翁意识，因此往往收效甚微。

我也有过类似的经历，那次是为一家公司策划PR活动。从最初的磋商阶段开始，公司的人就一直没露过面，本以为活动当天他们会到场，然而，他们还是没能抓住这个和终端用户沟通的良机。举办活动本身不是目的，它不过是一种创造沟通机会的方式，交由别人来举办的话，自己不可能得到最真实的反馈。你可能会觉得很不可思议吧，但其实这样的案例屡见不鲜。

图3-25

来客亲自体验微波炉烹饪

采摘新鲜蔬菜

使用OSORO的饮食体验

都市概念菜园

这是在位于原宿的一家“刺激人们对食物与知识的好奇心”的概念餐厅——“IKIBA”举行的面向媒体的活动。人们可以在都市中心采摘蔬菜，然后烹饪、享用食物。活动不仅提供美味的食物，还可以使在巨大的社会循环系统中生活的人们切实感受到自己的参与和投入。OSORO的目标不仅是提供餐具，更希望用户在生活中有新的发现，并享受这一发现的过程。

在工作中自我成长

我想在这里穿插一个小故事。OSORO项目的主管赤松康次先生五十多岁了，他给我的第一印象就是一个不修边幅的普通上班族，但随着OSORO项目的推进，他的外表也发生了改观。先是换上了很新潮的眼镜，接着换了提包，再后来是西装笔挺地来上班，这些变化都在表明他开始注重自己的穿着打扮。而且休息日他也开始跑步了，看起来很享受生活。我认为这种发自内心的改观对工作的促进作用是最显著的，“我是谁”“我在做什么”，只有在和自己坦诚地沟通之后，才能进一步明确自己在工作中的立场。

这种由时间打磨出来的沉稳背后，实则蕴藏着一个人的自信。以前赤松先生做展示时总是照着资料念，但后来经过了很多场的会议之后，他开始脱稿，和听众互动，解说起来得心应手。此外，他还变得乐于和人交谈了。这些变化都是由他个人的心境、他正从事的工作带来的。我想，一个人最好的生命状态莫过于此，能够发自内心地快乐、享受工作的乐趣。

图3-26：知识性财产战略

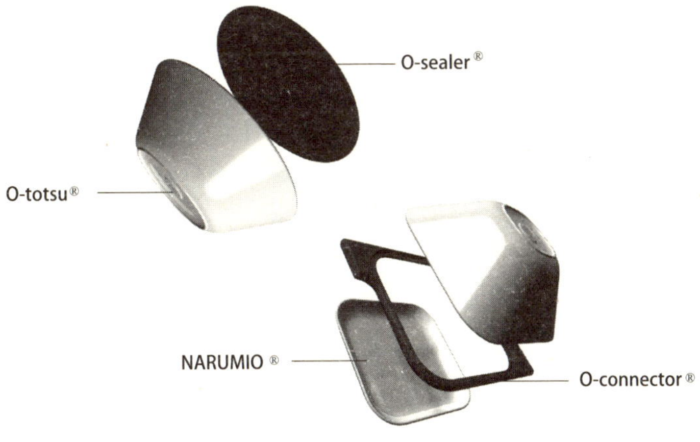

OSORO获得了创意设计与商标等多项专利。在管理层面，必须认识到设计是企业的知识性财产，即资产。

专利保护

在OSORO一章的最后，我想谈谈专利保护问题（图3-26），在不同的合作中一定要将这一点铭记在心。虽然OSORO的开发历时三年，但产品完成之后并不意味着工作结束了。设计是企业的资产，因此我们对所有事项都实施了专利保护措施，这也是设计管理工作内容的一部分，所以一开始就应该以开发达到专利保护标准的产品为目标。

但是，在那之前，餐具行业从来没有获得过设计的相关专利。为什么会出现这个局面呢？我问了之后才知道，这只是出于行业习惯。餐具制造业曾经是奉国家命令进行生产的行业，承担着重要的出口使命，因此，国内的制造商都默许各家产品设计类同的现象。而且从餐具的发展历史来看，餐具文化正是在反复的模仿中得以向前推进。于是，餐具行业就成了默许模仿的行业，因此对专利的保护意识很淡薄。而且，因为餐具的外观比较固定，所以很难有什么突破，达到申请设计专利的水准，这种观念已经在业内根深蒂固。实际上，鸣海制陶最初也不赞成申请专利保护，因为不相信能通过。但我认为OSORO对业界创新的贡献是不可否认的，于是多次劝说大家进一步探讨这个问题，却没有一点回旋的余地。于是我找了一位精通国际专利和设计的律师朋友聊了一下，他的回答是肯定的。

因为餐具的主要功能就是盛饭菜，所以外形上很难取得什么突破。但是，我们着重强调OSORO倒过来的形状，因此突破了外形的盲点，一举获得了专利。不光要看表面，还要试着从里到外打量一下，这件事让我更加坚定要多角度看待事物的信念。就是这样一个倒过来的突发奇想，让鸣海制陶揽下了多项餐具行业罕见的珍贵专利。

在国际展览会上展示OSORO的时候，因为想到会有很多国外参观者到场，我们特意在会场一角摆放了“专利认可”的展板，算是对默许模仿的业界表示一种决心吧。

公司经营一定要把设计提升到公司资产的地位。以前人们普遍认为技术的创新才算是资产，但在当今时代，设计和技术双管齐下才能孕育创新。一家公司一定要有这样的思想准备：如果不从多角度审视、突破，是没有机会站在世界舞台上一决雌雄的。

在OSORO发布之际，我设计的邀请函封面印着大大的“？→！”符号串，其中的寓意是希望人们能够对传统观念保持怀疑精神（？），并探索新发现（！）。虽然只是一个开发新餐具的项目，但持续三年的设计管理，不仅创造出了全新的价值，还让许多人收获了热情和欢笑。

我一直觉得，OSORO之所以为世人所认可，不仅因为它的功能的完备性及外观的美感，更应该归功于一系列的设计所凝聚成的那种不可名状的价值。而且我一直在想，我们的目标并不是为了获奖，但获奖本身就是对设计管理的成果最好的证明，不是吗？

管理角度解读设计2

OSORO诞生前的状况

作为鸣海制陶的参与顾问，最初，每周两天我参与管理工作，之后每周四天，最后作为董事参与管理，前后共计五年半。现在简单回忆一下鸣海制陶当时所处的市场环境。

1997年，日本国内的陶瓷器市场约为1600亿日元，2007年约为730亿日元（数字皆以工厂出货额为准），减少到一半以下，经历了极为剧烈的收缩。在此期间，消费者的生活方式也发生了巨大变化。从百货商店整套购买装饰性强的高级西式餐具的数量不断减少，购买单个的西式餐具的需求开始增加；夫妇共同上班的家庭比例增加，缩短烹饪时间的需求不断上升；高性能电烤箱与自动餐具清洗干燥机日渐普及，这些变化对餐具的功能需求产生了巨大影响。

另外，中国、东南亚等国的陶瓷器产品品质快速提升，廉价劳动力形成的低成本优势，不断瓜分日本、美国与欧洲等先进国家的市场份额。交易市场萎靡不振，新兴国家制造商又在夺取市场份额，很多著名企业因此陷入窘境。日本消费者熟知的海外一流品牌，英国的韦奇伍德、意大利的理查德·基诺里、德国的罗泰森等，相继一蹶不振，当时的鸣海制陶就是处于这样的市场环境之中。

只靠削减成本行不通，只靠提高品质也无用，只有进行差异化才能生存下去，但其具体的解决方案尚未出现。我们很清楚，问题已经不能简单地依靠单一的策略断然处理。各种问题复杂地交织在一起，很难弄清楚其真实状况，不论提供多么出色的产品都不能解决问题。在这种情形下，渐进地改善并不能解决问题。无论怎么分析原因，找出问题点，进行标杆管理，也不能走出困境。市场要求我们制造不同，与这种“不同”相符的设计十分必要。

初遇设计管理

通过朋友小野壮彦介绍，我得以结识田子学先生。当时，友人小野壮彦出任设计家电Amadana品牌REALFLEET[1]部门的COO[2]，我向其询问是否认识能够发现鸣海制陶独创性的优秀人才。

小野先生本人经历独特，他曾经将历经波折创立的企业卖给乐天，其后，担任乐天的事业部长，之后去米兰留学，回国后就任日本职业足球联赛（J. League）神户胜利船足球俱乐部（Vissel Kobe）董事，后来出任REALFLEET的COO。我非常信赖这位老朋友的人格与品位，他推荐的设计者肯定不会有问题。当时，他向我推荐的人选就是曾经在REALFLEET担任设计的田子学先生。

与田子学先生第一次直接会面是在涩谷蓝塔东急酒店的咖啡吧。田子学先生、我、小野先生，三人一起喝咖啡，我一边展示陶瓷器具，一边提出自己所面临的种种问题，田子学先生反问我很多问题。通过这次轻松的交谈，我感觉田子学先生是一个能够对问题本质进行批判性思考的人，并且他提出的很多问题，反而能够引发人的思考。前者深化我的思考，后者打开我的思维框架，这两方面对于项目规划来说都是非常重要的因素。我认为田子学先生是有自己追求的人，虽然企业内的情况尚未整合，不能马上委以工作，但我非常期待早日与此人共事，并相信所做之事一定能够取得成功。

巧克力糖果点心

几经调整，田子学先生正式加入到项目当中。他第一次参加董事会的情景，日后成了企业里的谈资。当时，田子先生把在附近商店买的巧克力糖果点心交给我，让我慢慢吃，又让旁边坐着的五十多岁的董事观察整个过程并且表述出来。将人类学研究方法运用在董事会上，在鸣海制陶六十来年的历史上还是第一次。在这次董事会上，作为创意指导的田子学先生给全体董事会成员留下了与以往交往的人完全不同的深刻印象，同时，也强烈地传递了设计行为是创意设计，而不仅仅是绘画或改变外形的行为。

然而，对当时的我而言，对设计的概念理解还是非常狭窄，认为设计不应超出外观设计的范围。当时，我主管市场部门与直营店部门，在市场部拥有20人左右的设

1 2014年6月4日后，统一称为Amadana。

2 英文为chief operating officer，即首席营运官。

计团队。最初管理设计团队时，我直接的感受就是“难以处理”，心中暗想：没学过设计，能胜任负责设计的董事吗？实际上，这种想法本身就是狭隘理解设计内容的佐证。今天才知道这种想法并不可行，但是当时却对此深信不疑——深信设计是设计产品外形与色彩的行为，没有美术类背景的自己难以胜任；深信设计这种工作，只有美术大学出身的人才能做。

业务效率低下的委托人

田子先生作为鸣海制陶的创意指导参与进来后，首先安排时间了解了企业内部情况——邀请总经理之外的各位董事面谈，召集各部门主要成员开会，访问国内工厂制造部门，访问产品开发团队，并询问详细情况，且与我一同访问了位于印度尼西亚与雅加达郊外的当地生产工厂，参观了产品生产的全过程。在雅加达酒店的大浴场与驻当地员工赤身相谈。同时，对数量庞大的商品目录中的所有产品，按照“使用场合”与“设计风格”两个类别重新整理。

从企业接受统一的、表面的培养后，有人直接开始着手创造性的工作，也有人认为尽量缩短工时是“业务效率高”的设计师，但田子先生却是与此完全相反的类型。他花费大量时间，以诚恳的态度，努力了解企业的历史与特点，以及每个人的想法。其后，我自身参与新企业管理时，也会反复阅读企业过往历史与往期内部刊物，并向前辈请教。因为通过这些事情可以及时感受公司的氛围，可以再次体验前人挑战时的喜悦与悔恨，并在自己心中点燃同样的热情。正因如此，我对田子先生的做法深有同感。

作为创意指导，田子先生参与的不仅是产品开发指导，还有传统型商品店面促销、商品目录制作，以及面向媒体的发布会等。为了使日本国内品牌推广力一致，他也负责指导企业介绍视频的制作。不只限于日本国内，他有时还会与印度尼西亚商店的店员以及工厂员工见面。田子先生逢人就问：“你眼中的NARUMI是什么？”此外，他还指导设计了办公室，将原来分散在商业大楼各层的陈旧、昏暗的办公室变成位于同一楼层的开放型办公室，其布局使得在这里工作的设计师、策划员工、营业员以及事务性员工之间更便于交流。随处可见充满品牌特色的内部装修、展示过往产品历史的墙壁，这种工作环境整体的设计也是激励员工的重要因素，也构成设计管理的一部分。在此之前，设计师与营业员在职场中存在物理性的墙壁，自然是多日不见一面，但采用现在的设计后可以经常会面。

回想当初，我们曾经对田子先生提出各种不靠谱的愿望，我们确实是业务效率相当低的委托人。从田子先生的角度来看，原本有很多缩小工作范围的方法，但是，只重视眼前的效率与生产的做法不会产生创新。只有花费一定时间，全部理解企业从过去到现在的历史、强项与弱点，才能驱动团队运转，这一点正确无疑。

将设计管理应用于管理当中

田子先生参与到项目团队后，马上开始以与此前完全不同的形式运行项目。他前往各种类型的店面进行田野调查[1]，又在集训中展开讨论。会议上提出的问题，大多是以往的会议中没有涉及的根本性问题。

当时，项目并非全都能够顺利进展。有人感觉此前的做法被全盘否定，有些资深人士却难以接受“局外人”的指摘。特别是对于企业内的设计师而言，会产生一些不满情绪：“明明有自己的设计师，为什么还要带上这个人？”“这不是轻视自己吗？”

任何人在接触与以往习惯做法不同的方式时都会感到压力。田子先生参加项目后，整个过程出现了各种各样的摩擦，这一现象是中医术语中的“好转反应”，即治疗过程中身体出现的短暂的激烈反应。接触不同事物，当然会产生碰撞，如果回避碰撞，只是悦耳的表面性对话，不可能有所突破或创新。

经过几个研讨会讨论，OSORO前身的日常用器皿的开发理念逐渐产生并固定下来。并且，经过一段时间的磨合，相互之间的摩擦也逐渐减少。

对于项目成员来说，在田子先生的办公室里开会本身就是一种珍贵的体验。在不同的场合能感受到不同的氛围，并且深刻体会到一旦氛围发生变化，人的心情、态度、想法也会完全不同。与图像、画刊、剧本等各个行业的制作者交流，时常参加会员制的活动，这些都是以往日常生活中没有接触过的不同体验。

设计管理如名所示，与管理的全局息息相关。通过这些体验，团队成员明显有所改变，企业内的做法也发生了变化。

---

1 田野调查：文化人类学、社会学、心理学中常用的研究方法之一，原本是详细记录民族的特征与日常行为方式的研究方法。在商业领域，特指通过观察生活者的行动探索消费需求和潜在问题的方法。——作者注

人与人之间的互动

为了传承技术、培育新人，我们将年过70的原型师冲田正友先生召回了职场。他从十几岁开始就在鸣海制陶工作，熟知企业的历史，并且是在生产第一线成长起来的。他不仅是名原型师，还熟知生产的全过程。过去的所有经验都深深刻在他的头脑里和手上，甚至只要舔一下黏土，就知道决定陶瓷品质的黏土配比程度。他就是这样的一个人。当生产一线一流的技术人员与新锐的设计师相遇时，会发生怎样的化学反应？真是难以预测。坦率地说，对成功的期待只有两成，对决裂的担心却有八成。

第一次见面后，项目成员与田子先生、冲田先生一同前往东京中城的三多利美术馆参观“麦森瓷的三百年”展览。麦森瓷器（Meissen Porcelain）大约发源于300年前，由于神圣罗马帝国萨克森的奥古斯特二世（Auguse Ⅱ Moncny）憧憬中国唐朝与日本伊万里的白瓷，遂将炼金术士贝特格（Johann Friedrich Bottger）监禁在城内，命令他研究白瓷的烧制方法，麦森瓷器由此发展起来。这个展览展示了很多贝特格制作的瓷器，刚开始略带茶色，后来逐渐接近白瓷色泽，最终完全成为白瓷。这一过程，仿佛能够让人切身感受到奥古斯特二世的狂热与被监禁的炼金师的绝望与苦闷。参观过程中，身材高大的田子先生与矮小精悍的冲田先生并排行走交谈。设计师与技术人员所处的领域不同，但是感觉麦森的历史让两人产生了共鸣。走出美术馆在咖啡馆交谈时，冲田先生已经开始热情地向田子先生讲述“怎样下功夫做OSORO的外形”。

突破与革新最终是人与人之间的化学反应，其中不存在绝对的逻辑、复现的可能性。如果他们不碰面，任何事情都不会发生，正因如此才十分有趣。

打向米兰的电话

那篇寓言也是苦涩的回忆。日本时间深夜12点左右，我与正在米兰出差的田子先生打了一通国际电话，商讨是否把那篇寓言放入理念说明中，一个多小时的讨论仍然没有达成一致意见。

我十分清楚，田子先生并没有想用这篇寓言贬低企业员工的意思，反而是想对愿意改变的人表示赞扬和鼓励，也想由此向那些对内封闭、不关注外部世界变化的多数日本企业传递信息。但是我能够想象到企业内不了解这个项目的人看到这篇寓言时的反应。实际上，让几个人阅读后，他们都表现出强烈的拒绝反应。

当时，各种原因导致企业的状态缺乏活力，甚至从某种意义而言是伤痕累累。我认为企业的员工没有心力去积极接受这则寓言里的幽默表达，这则寓言故事对项目产生的负面影响将远远超过其正面影响。哪一个判断是正确的？最终也没有答案。

这通打向米兰的电话沟通过程相当严肃，但感谢田子先生最终还是对企业的状况予以了理解。其实，当时确实是非常敏感的状态。

接下来只能靠我们自己

在国际性展览会“东京国际家具展”上，OSORO发布现场如同火灾现场一般。所有职员都穿着由田子先生亲手绣制的“OSORO”字样的咖啡厅风格的围裙，从早到晚忙于产品的解说。客人们络绎不绝地来到展台，前来帮忙的职员在通道上接待来客。大家顾不上吃饭、上厕所，不停地进行解说。

展会结束时，生产部门员工的一句话给我留下了深刻的印象，他说他真正理解了究竟什么是制造新产品。并且，当初反对项目的资深员工激励年轻员工说：“接下来得靠我们自己去做了！”

当我回顾这段经历时，我切实感受到OSORO项目就是设计管理的全新体验。如果问我经过这段体验有什么改变，那就是对设计管理的看法完全被改变了。以前对设计的理解是狭义的，但现在可以从更广阔、全面的角度理解设计。而且，我再也不会因为自己没有美术背景而不敢发表对设计的观点。因为我们作为生活者与设计息息相关，日常的工作本身也是设计。

逻辑思考能力非常重要，深入分析类型的思考有时也会发挥非常的作用，但是只靠逻辑和思考也是不行的。

一直以来孜孜不倦地认真制造产品、拥有出色能力的企业，在急剧变化的环境里不知道怎样发挥自身能力为人们提供产品与服务的企业，以及在这种企业中工作的员工，对他们来说，与设计管理的相遇将带来极大的冲击与影响。

希望更多的企业和更多的人都能体验这种设计管理，尤其是像曾经的我一样，认为“因为自己既不是设计师，又不是设计专业的人就可以推卸责任”的人更需要这种体验。

设计中没有“白费工夫”这一说

世上有用线性思维看待事物的人，有凡事都按部就班的人，也有害怕失败的人。只选择安全的道路前进，甚至不会想到在危险的情景下只能择险路而行，这种人在保证安全的同时也会失去很多机会。

正如爱因斯坦所言，“答案”绝非只有一个。如果用设计的观点理解事物，大概就能理解这个观点了。虽然在小学里学到的是“1+1=2”，但在设计的世界里，既有可能“1+1=0”，也有可能“1+1=∞（无穷）”。也就是说，答案并非只有一个。我非常喜欢一本书《进入数学世界的图画书（1）》，其中有一个章节是《奇妙的糨糊》，它的内容与设计的观点不谋而合，因此在此略做介绍：

自古以来，人们就能把许许多多的东西粘起来，创造出一些从来没有过的新东西。你看过美人鱼和小天使的图书吗？这些都是很久很久以前，人们想出来的很棒的发明哦！

插画有人鱼、天使、半人马和飞马，我看到这些，认为这正是创新的起点。像这样将日常生活中所见到的事物结合起来，会从中发现新的价值与存在的意义。但是，不要误认为随便将事物结合、相加就是有用的，要尽可能地把很多东西都摆在桌子上，为了只留下重要的东西而一直做减法。如果真的想发现全新的事物，就需要先把一些看似徒劳的东西集合起来，最终做减法，得到有用的东西，这是极其重要的过程。为了验证自己的设想，得到自己的答案，的确需要相当长的时间。

所以要在此抗议！既然创新如此重要，却说出“不要白费工夫”“马上拿出成果来”这种话，简直荒谬。

04

实例解析设计管理

（nasta篇）

接下来要介绍的是协和nasta（总部东京）的洗衣周边产品计划“nasta”。这个计划让我再一次认识到“人”在工作中的关键地位。多数人认为只有创造出新产品才是革新，实际却并非如此——如果想要推动企业快速发展，就必须更加关注企业中的员工，除了开发新产品，改变企业体制也是革新的重要因素。从这一点来看，设计管理不仅局限于产品制造企业，它对所有企业都有所助益。

全新的管理

2010年秋天，MTDO inc.已经成立两年了。有一天，我突然接到一个电话，对方说希望能由我来负责洗衣周边产品的设计与品牌设计。抱着先了解一下具体情况的心态，我拜访了协和nasta的东京总部。负责向我说明的专务董事笹川顺平先生（现任董事长兼总经理）与我年纪相仿，他把已经上市的晾衣产品样品摆放在会议桌上进行说明。其实，我在东芝设计中心时，负责的第一个团队项目就是洗衣周边产品，也设计过洗衣机，具备相关的知识，但现在摆在我眼前的却是再日常不过的产品。所以，我最初的印象就是即使能够改变产品的外形及类型，也不确定是否能够帮助他们打造一个品牌，满足他们的期待。

然而，在观察产品的短暂过程中，我注意到其中的晾衣竿与晾衣夹，开始涌现一些灵感。晾衣竿充斥市场，却没有设计师认真地去设计它；晾衣夹一直是生活必需品，但至少从我小时候开始，它的基本构造就完全没有变过；人们之所以随意选用晾衣夹，绝对是因为它没有满足人们的需求。于是，我开始思考背后的原因，也在一瞬间对协和nasta的委托产生了兴趣。

协和nasta是一家制造住宅五金的老店，拥有85年的历史。新建住宅数量逐年减少，很多住宅周边产品的承包商被迫卷入低价竞争，面临着严峻的经营环境的考验，协和nasta也不例外。但是，协和nasta的员工不愿意让长期浇灌的事业就此终结，他们正是专务董事笹川先生带领的“洗衣周边产品计划”团队，都是30岁出头的年轻员工，从交谈中就可以感受到他们对项目计划的热情，以及对企业的自信与骄傲。而且，他们没有在既有产品的延长线上思考设计战略，而是致力于开发焕然一新的产品。我对此深有同感，这正是需要设计管理大显身手的时候！通过这一计划，企业应该做的不仅是重新创立一个新品牌，更重要的是要避免把计划当成只与一部分人相关的短期活动，进而思考“企业应该拥有怎样的未来”“怎样使与企业有关的人感到幸福”，从而找出具体的答案。当然，也要对将来有所洞见。

摆脱协和nasta一贯的产品形象，从而在同业中脱颖而出——这就是洗衣周边产品计划的目标。因此，最容易理解的做法就是推出与以往产品外观完全不同的产品阵容，通过其的发布塑造崭新的企业形象，突出企业的存在感，把人们的目光引向新品牌以外的产品，即重新构筑企业品牌。这是我当时想到的战略方案，至今未曾改变。

我首先设计的是B2C模式的产品，这对于一直沿用B2B模式的企业来说是不小的挑战，但是，我的最终目标是把新产品的波及效果带回到传统的B2B，我们称之为nasta“B2C2B战略”。

这一计划在短时间内得以顺利开展。其理由之一在于我们最初就大致整合出了中期战略，而且，统筹计划的人是拥有决策权的董事，这也是最关键的一点。一个计划若以使企业改头换面为目标，必须有拥有决策权的人参与。另外，计划团队的成员是在企业内公开招募的“无经验者”，他们既没有开发过产品，也没有创立过品牌，所以才会把管理战略与品牌创立战略委托给外部顾问共同完成。

很多企业虽然口头上鼓励员工进行挑战，但是，不仅董事很少成为后盾，甚至会因为情况不利而见风使舵。如果这种情形不断上演，会导致员工动力减弱，让他们最终丧失革新的意愿。如果不能得到“一切后果由我承担，大家尽情挑战吧”的支持，员工当然无法着手挑战，因为他们总是根据管理者的态度确定自己的位置与行动。虽然不愿如此，但在一个理念模糊的管理团队手下工作难免会如此。我听说，有一家企业流传着“不能做决策的部长会成功”的说法，因为很久以前，日本企业组织是年功序列制，怎样快速升职是大家最关心的事。因此，为了不被自己的上司问责，管理者都做出一副体恤下属的样子，但这种态度的本质却是不负责任的！这一“传言”表达的正是对现在的管理者的讽刺和不满。

创造故事

我在协和nasta做的第一件事就是创造品牌故事。就像我反复强调的那样，不论做任何事情，在思考“做什么”“怎么做”之前，先问“为什么要做”，这种脉络极其重要。所以我想，必须把大家开发洗衣周边产品的原因，以及创立新品牌的意义彻底整理清楚。

大家有“既然自己做不到，不妨借助外部人员的力量”的选择，这是计划最终取得成功的另一个原因。大多数制造商，尤其是以B2B为主的制造商，即使具备技术因子（seeds），也不擅长站在消费者的角度上思考，不能把技术转化为消费者的需求并将其“翻译”为价值进行传递。当企业内没有“必要条件”时，可以将“因为没有就做不成”调整为“借助外部力量”，因为该企业在计划之初就展现出了这种灵活的思考方式，我开展工作也变得容易。很多企业由于本位主义而只能在已有的环境中行动，与此相反，从外部寻求需要的人才与环境的思考方法才适应当下的时代。

协和nasta的新产品开发对象——晾衣竿，与企业自己制造的传统晾衣竿安置架等五金关联紧密，而通过新产品提升企业的形象，由此也可以重新作用到既有产品上，基于这种考量，我选择了晾衣竿作为开发对象。虽然根据企业的情况完成了大概脉络，但这一方案本身与顾客并无联系。对于顾客而言，重要的是“通过使用这一产品，可以享受到至今从未有过的体验与价值”，其中的意味正是从新发现中获得喜悦。

大多数企业根据其情况制造新产品，而这一“企业情况”大多只是对卖场战略的配合，产品开发周期也多由此决定。最终，常常是被时间追赶着工作，却不能开发出真正有价值的产品，也无法生产出被消费者喜爱的产品；即使由此创立了新品牌，在不到一年的时间里稍做改动便自诩为“新品”投入市场，这样的产品也随处可见，毫无新意。漫无计划地在短期内频繁做出变更，会偏离最初的概念，动摇品牌的根本，不会使顾客倾心，这种案例简直比比皆是。为了将品牌的主打产品传递给消费者，必须创造具有必然性、不可动摇的故事，故事才是设计管理的核心。

那么，创造故事是怎么一回事？我在OSORO中尝试写下的寓言就是一个故事。《格林童话》等提供给孩子们的读物，大多是寓教于乐的题材，通过故事激发孩子的想象力，从而塑造其价值观。读者在这种故事里容易找到自己的影子，从而得到很多发现。像这次的洗衣周边产品一样，在产品功能已经全然成熟的情况下，将“故事”作为品牌背景，使读者从中感受到独特性，这种做法非常有效。

我首先回想“洗衣时的场景”，重新捕捉这种行为的价值，把自己最直接的感受全部诉诸笔端，到目前为止，我已经多次实践这一过程。即使是平常被人们忽视的东西，只要重新观察，就会有新的发现。

· 洗衣服是家务活，是日复一日的“例行公事”。
· 通过洗涤可以去除污渍，放松心情。
· 被肥皂的香气包围，心情舒畅。
· 天气晴朗时在室外晾衣服，天气不好时则在室内。
· 晴天洗衣服，心情格外畅快。
· 每天都要洗衣服很麻烦。
· 收取晾干的衣物也很麻烦。

·折叠收纳的作业同样麻烦。

·洗衣服所花费的时间是一整天。

这里可以推测，多数人都把“洗衣服”视为一件不得不做的“家务事”。因为不得不做，用户不会把使用时是否有趣或快乐作为产品的衡量标准，市面上的洗衣周边产品也因而忽略了消费者的潜在需求。当把视线集中到卖场时，虽然产品琳琅满目，但其中的差异不过是“买一送一”等促销手段罢了。但是，纽约生产的衣物护理品牌“The Laundress”却颇受关注，虽然作为衣物柔软剂，一瓶3000日元有些昂贵，但这一品牌的衣物洗涤剂、柔软剂，以及其他杂货类产品拥有整体的设计，非常洗练，受到了所有消费者的欢迎；德国的高级投币式洗衣机“Freddy Leck”品牌也开始涉足洗衣产品的开发。这两个品牌的存在使我灵光一现——应该有更多的人希望更愉快地度过洗衣时间。nasta也应该像这两个品牌一样，使人们的日常生活变得不再寡淡寻常。此外，洗衣的状况根据地域和民族的不同而有所差异。因此，如果我们能对其从大型五金设备到软性呈现，做出整体的设计，就可以打造出明显有别于这两个品牌的特点。

我向团队成员展示品牌故事时，会采用广告标语提示的形式，这样可以更容易与团队成员达成品牌方向与目标的共识。在nasta的展示中，我这样总结了想法：

晴天洗衣，心情舒畅。

↓

但是，洗衣周边产品的销售现状与实际使用状况恰恰相反，多被摆放在“阴天一般的场所”（在生活方式商店最多只能找到晾衣夹和衣架，而晾衣竿却只能在大型DIY商店的角落里看到）。

↓

所以无法摆脱日用品的印象。

↓

因为是日用品，所以当有客人突然登门拜访时，主人必须慌忙地把它们整理起来。

在思考以上内容的过程中，我想到了这样的语言游戏：

· 晴天洗衣服真高兴。

· 日语中的“ハレ”（晴天）这个词，也表示“不同寻常的日子”。

· 在不同寻常的日子里，心情会变得喜悦。

· 如果能够使人们每天都保持像“晴天洗衣”一样的美好心情，那该多棒！

于是，我想到的广告标语——“ハレ洗衣”，用假名“ハレ”代替了汉字“晴天”，意在做出一种设计，使人们从每天的“例行公事”中也能感受到不同寻常。也就是说，既然洗衣服是不可避免的，那么我们应该向消费者提供不会让他们心生厌烦，而是带来洗衣愉悦的产品。通过使用这种贴心的产品，消费者也可以感受到洗衣时间本身的价值。

发布洗衣周边品牌nasta时，我制作了一张传单，通过题为“愉悦的SENTAKU LIFE”（愉悦的洗衣生活）的诗歌式文章刊载了这一设计的理念（图4-1）。

图4-1：洗衣周边产品品牌nasta传单

愉悦的SENTAKU LIFE（愉悦的洗衣生活）

人生琐事繁多
但在某个突然的瞬间
你有没有放空一切

好比说在鸟儿悦耳的歌声里
晾晒洗好的衣服
空气里飘荡着肥皂的香气
你可会想到
“人生果然需要舍弃”

白日的午睡
拂过脸颊的微风
带来远古气息的波浪之音
熠熠生辉的星空
这些微小的幸福
有没有给生活着的人们带来些许感动

知道nasta的意义吗
瑞典语中，它代表“next”
饱含对未来的希望与期待
人生且一度
行乐须及春

Make your day（创造你的一天）

理念确定后，nasta的目标也得以明确——不仅提供产品，还要“使用户度过美好时光”，这就是nasta提供的价值，对这一价值的确定也意味着团队成员对nasta理念本质的理解。

接下来，为了能够贴近用户的整个洗衣时间，我提出增加更多产品项目的建议。虽然最初打算以协和nasta擅长的五金为中心，大概设计十种产品，但只靠这些不能充分体现我们的理念。我主张通过时间轴回顾洗衣过程，进一步填补其中的空隙。

我想按照品牌故事，具体分为“WASH”（洗）、“DRY”（晾）、“LIFE”（丰富人生）三个模块，之后再来整理必要项目。于是，在提案时我就已经主动准备好了所有能想到的产品项目和包装的草图（图4-2），因为仅靠文字资料与讨论无法使对方充分理解理念的本质，因此，必须事先将我的想法与思考过程明确展现出来。为了进行这样的展示，我必须稳住阵脚，使自己的理念可以随时应对产品设计和平面设计的需要。像这样，通过进行创造性的策划实现整体计划的灵活性，正是设计管理的擅长之处。

由此，原本计划的十来个开发项目后来增加为20个（如果算上色彩差别，总共32个）。当然，这些增加的项目并非全是自家工厂可以制造的，但我们还是着手尝试了。

“WASH”模块涵盖了从把衣物放进洗衣机之前到晾晒这一段时间的产品项目，我最先想到的就是“洗衣机置物架”和“洗衣筐”。但在实际家居环境中，我看到的是堆满了的待洗衣物，这些待洗衣物有的需要机洗，有的则需要送去洗衣店。而且，机洗时，有些衣服直接洗容易洗坏，必须装入网袋。洗衣之前的分拣工作竟然如此麻烦！“能够让这样的细碎时间过得更愉快该多好啊”，抱着这种想法，我追加了各种各样的项目。

因为协和nasta至今仍在生产晾衣竿托架，“DRY”模块一开始就设定了很

图4-2：Make your day产品项目示意图

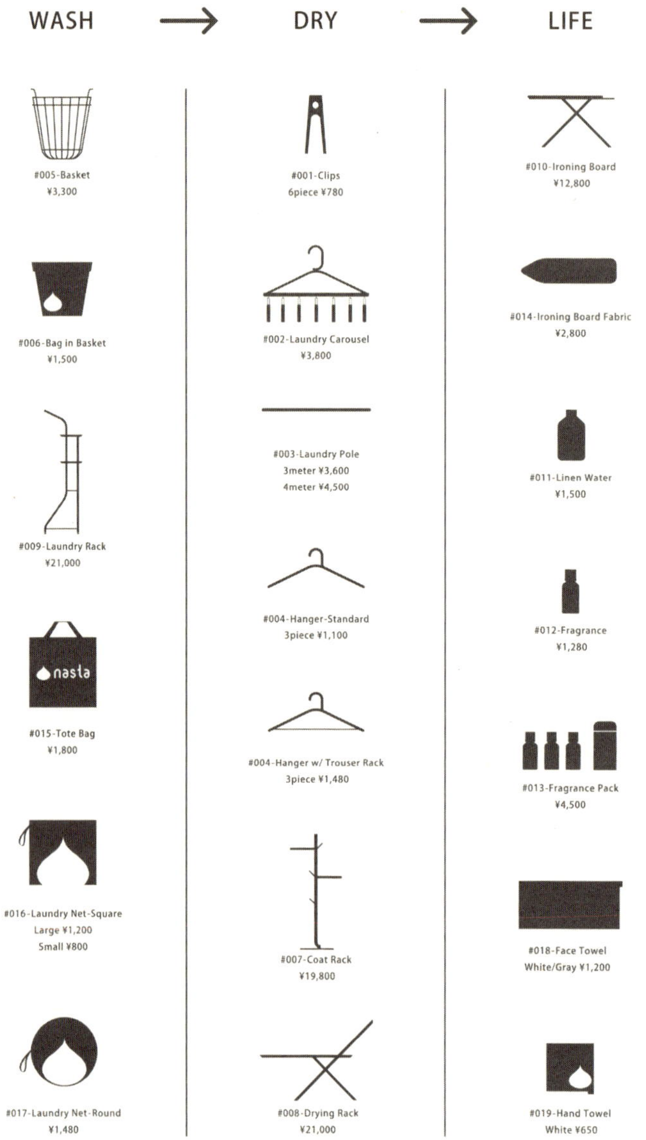

通过“WASH”“DRY”“LIFE”这三个模块考虑必要的产品项目，其中包含希望靠自己的力量创造日常生活的想法。

多产品项目，其中有些项目也出于室内晾干的角度。我家属于双职工家庭，在工作日的白天几乎不会洗衣，总是下班回家后把堆放的衣物放进洗衣机清洗，这种时候就需要把衣服晾在室内。于是我想，根据“享受室内晾晒”的理念，能否塑造更深刻的品牌印象？一旦用这种生活者的视角观察家居环境，就会发现设计的必要条件。另外，近来的高层公寓也往往需要在室内晾晒衣物；即使不是高层，为了不因破坏美观而降低公寓的价值，很多家庭都不再在室外晾晒。从这种背景看，室内晾衣需求很大。

在“LIFE”中，享受香气才是把洗衣时间演绎得更加丰富的要素，所以我认为应该在这一点上做文章。为洗过的衣物增添一些香气，一定可以使人们更加愉快地度过叠衣服、收纳衣服的时光。正是这种洗衣、晾晒等功能以外的角度才是创造品牌故事的关键。因此，我们也准备了熨衣板、室内芳香产品以及日本品质一流的今治毛巾等，致力于打造一个能够使消费者通过感官充分享受洗衣生活的品牌。

多数企业一开始往往将注意力集中在开发产品的功能性上，但在当今时代，只靠功能与技术很难抓住消费者的心。消费者会捕获给自己带来灵感的信息，思考怎样才能丰富自己的生活，这才是他们看待事物的角度。如今的“丰富”不仅是指物质的丰富，还包含精神的富足。如果我们能使消费者改变“家务即令人厌恶的例行公事”的看法，提供给他们意想不到的“愉悦”，他们就会从中发现“幸福”。正因如此，要想真正完成品牌故事，其他品牌所缺少的“LIFE”理念不可或缺。

品牌认知

我在实施项目的过程中并没有决定使用“nasta”这个品牌名称。当然，这一名称取自企业名“协和nasta”的“nasta”，但在实际发布时没有公开说明“nasta”是协和nasta的产品。理由很简单，即日本人总会毫无条件地对有着海外品牌风格的产品留下深刻印象。但是，即使海外产品款式出色，也可能不适合日本的居住环境。所以，nasta开发了既带有外国品牌风格又与日本的居住环境相适应的产品。至于企业名称是否公开，可以理解为战略的一环，因为我们当时并不清楚公布企业名称是否能够带来积极影响。

对品牌国籍的保密也有助于设计上的思考。正如品牌故事中所讲的，“nasta”在瑞典语中的意思是“接下来”（next），这个表示积极意义的词语也符合设计的理念，因为我们假定的顾客是一群追求崭新的自我、享受生活中的潜在因素并且积极面对未来的人。因此，在考虑产品时，我打算将这一北欧的词语作为设计的构成要素，在北欧设计精髓的基础上进行设计。像这样，仔细留意每一个词语，借此分析产品的价值，创造合乎情理的故事，按照这一故事设计产品与战略。

我在完成品牌认知设计的环节时，为了避免人们通过片段信息做出判断，在早期就对标志与产品形象同时做出了提案。标志与产品的一致非常重要，顾客会根据这种整体性理解品牌的方向。这种注重整体的态度在准备日常工作中的展示时也是必要的。图文并茂的展示可以使人对整体产生共鸣，听众也能直接理解其意义，避免钻牛角尖式的讨论。也就是说，必须做好准备，让大家对自己的世界观产生共鸣，这种推进方法才符合始终一致的设计，才是设计管理的特征。

此外，同时完成产品与标志的设计可以使团队成员感受到计划的具体和形象，一边想象着未来的成功，一边朝着目标努力。像这样，将塑造品牌的工作与成员们内心的变化结合起来考虑，非常重要。迄今为止，多数企业都按照纵向分割的阶层决定计划中的任务分配，产品由产品设计师考虑，平面由平面设计师负责，虽然这种工作模式未尝不可，但是否存在能够统筹双方进行指导的人，却是决定这一计划能否走向成功的关键。

nasta品牌标志的关键就在于保持所属国家的神秘。为此，我针对标志的字形与图案分别设计了三大类草图（图4-3）：A方案非常独特，给人以系统化的印象；B方案自然清爽，风格简约；C方案平易近人又不失高雅。最终我们决定从A方案中择一而用。提起北欧，大家可能会想到布料或餐具等色彩鲜艳的东西，而且，北欧男女工作机会平等的社会体系，以及众多一流的游戏开发企业也举世闻名，甚至可以让人一连串地想到很多扎根于生活中的产品，比如丹麦的“乐高积木”等。这些给人良好印象的生活用品在今天的日本随处可见，很难让人忽视。而且，我认为，北欧不分男女，所有人都要洗衣服，所以其产品应该给人留下无性别且结实的印象；此外，销售商等交易方都要求产品的牢固性。所以，产品标志必须能够展现出信赖感与品质感，从而使人放心。

图4-3：标志字形和标志图案草图

北欧的产品往往使用些许暗红、蓝、黄三原色演绎色彩变化，再通过黑、白这样的中性色进行汇集，还将其与木材、金属等不同的材质组合起来作为设计的亮点，这种方法独树一帜。nasta的产品采用黑、白、灰作为基本色，亮点色则选用红、蓝、黄，再搭配以白木的本色，营造出具有北欧风格的氛围。

前所未有的晾衣竿

我最初接触这一计划时，最感兴趣的是晾衣竿与晾衣夹。尤其是晾衣竿，市面上几乎全是金属材质的，只是在不锈钢上包裹上蓝色或绿色的塑料。能够买到晾衣竿的场所是大型DIY商店，我自己也有在别无选择的情况下才会购入的感觉。本来是用于晴天（特别的日子）的产品，却不能使人感受到相应的感受，这种现状也为我们提供了机会——通过明确地把理念转化为产品，并把信息传递给消费者，可以制造出让消费者产生“期待已久了”的惊喜的晾衣竿。而且，之前的洗衣周边产品只注重功能而不关心设计，给人乱糟糟的印象，缺乏整体的统一感。恐怕现有的晾衣竿都不能满足消费者的需求，谁都不愿意尝试购买。

在重新讨论产品项目时，我特别注重“室内干衣=装饰产品”这个角度。以前室外晾衣非常常见，而室内晾衣则被认为是非正规的。正因如此，“晾衣产品=室外产品”这种观念才会根深蒂固。但是，随着环境的变化，室内晾衣也越来越常见。其实，从最近的电视广告里也可以发现，很多洗涤剂厂商已经在开发室内晾衣专用的产品。既然如此，就应该进一步谋求晾衣竿与室内环境的和谐。然而，现实却是雪白的墙壁上挂着格格不入的不锈钢晾衣竿，还会混杂着一些杂乱的晾衣夹与衣架（甚至还有洗衣店赠送的黑色衣架）。在有限的空间里，满是这些杂乱无章的东西，的确大煞风景。不仅是洗衣服，等待衣服晾干的时间也不得不一直待在这里，所以我想尽力改善这种处境。

于是我想到了“纯白晾衣竿”，纯白的主体颜色给人以清洁感，既可以与室内空间融为一体，又可以与nasta的其他洗衣周边产品自然搭配，如此一来就不会破坏整体的美感，而且市面上也从未出现过洁白美观的晾衣竿等产品。像这样，充分考虑了产品的使用环境之后，我们决定将品牌基础色选为白色（图4-4）。晾衣竿的理想状态明确后，创意设计的风格也得以确定。反过来说，在确定晾衣竿的理想状

图4-4：#003Laundry Pole（伸缩杆）

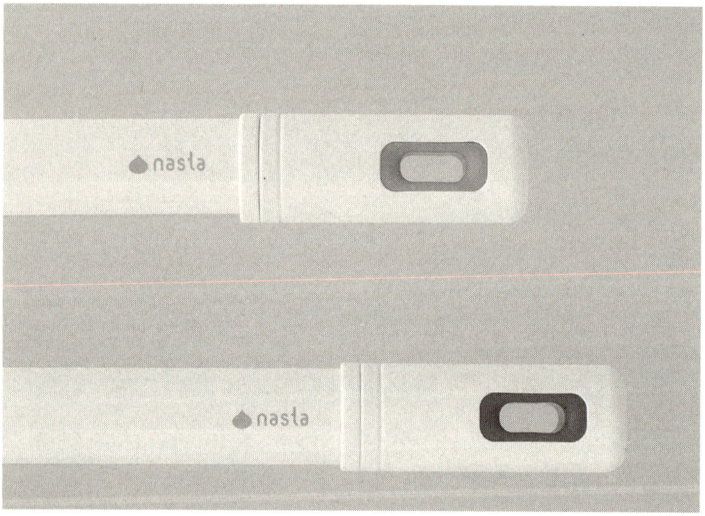

前所未有的纯白晾衣竿。考虑到了起居室的环境，即使在室内使用也不会损害整体空间的设计，我们的目标就是实现室内空间的和谐。该产品与晾衣夹、AirHoop晾衣竿吊环、AirTorch晾衣间照明灯等斩获了优良设计奖。

态之前无法开始创意的设计，因为产品的理想状态与创意设计两者是不可分割的整体。关键就在于“为什么必须制造室内使用的晾衣竿”，我的思考如下。

实际上，我之所以追求“纯白的晾衣竿”，有几个非常明确的理由：

其一是女性生活方式的变化。职业女性将洗衣时间换到晚上，都市的这种趋向尤为显著。近年来的洗衣机静音效果很好，夜间工作不会给邻居造成困扰；而且，独居女性白天晚上都非常注意安全，不愿意将衣服晾在室外。室内晾衣的需求越来越高，但现状却是没有与室内装修相协调的晾衣竿，这着实令人困扰。

其二是环境问题。人们不在室外晾衣是想抵御早春时的花粉过敏症，以及避开从邻国飘来的PM2.5、沙尘暴等。此外，对放射性物质的担心也是理由之一。

“把晾衣竿涂成白色”这一前所未有的设计，获得了超乎想象的好评。产品刚一发售，以年轻妈妈为中心的消费者纷纷反馈：“我们想买的就是这样的晾衣竿！”之前的晾衣竿都放在室外，而白色的晾衣竿又容易脏，所以一直被当作禁忌，但如果在室内使用就没有任何问题了。一旦被成熟产业的既有观念禁锢，就不会有人想要开发新产品，但是，协和nasta把“室外产品”转换为“室内用品”，便开拓了新的市场。以这一产品为引子，销售商们都向协和nasta靠拢，如同当初的计划一样，成功使B2B客户转向了自己的企业。

但真正的事业现在才开始。将产品发布后置于货架上并非产品开发的终点，必须认真反思消费者在产品发布时的种种反应，“如何利用好这些反馈”的后续战略才是最重要的。前面提到过，任何事物都存在生命周期，发布产品是“导入期”，是起始点，此时必须思考产品今后的成长曲线。我认为，协和nasta对于导入期之后的产品成长方案已经是信手拈来。“洗衣周边产品计划”始于2010年秋，产品于2011年6月发布（9月发售），并且制定了之后的成长战略，将接下来的新产品开发编入其中。我想，这种成功正是源于“年轻管理者”所具有的动力。

该产品就是以B2B战略主角“AirHoop”（晾衣竿吊环）为中心的“air系列”。协和nasta趁着B2C晾衣竿产品给业界带来的影响还未消退，一年后又发售了“air系列”。这段故事我之后再介绍，先继续讲述nasta发售B2C产品之前的历程。

前所未有的晾衣夹

在nasta的产品开发中，晾衣夹着实让我着迷。这一产品乍看没有什么特色，但“好夹”“不易滑落”“不易留痕”三大功能正是其特点。我想做好它的理由很容易理解，因为它是大众化的产品。海外的品牌晾衣夹其实也有日本制造的，只是印上标识，就标榜为“品牌”而已。但标识并不等于品牌，如果产品本身并非原创，标识不过是装饰罢了。

传统晾衣夹的构造是铁环（环状的弹簧部分）穿过把手，市面上大约80%的晾衣夹都是这样。如果以大范围普及为目标，我们可以采取正面做法，进行某种意义上的“产品设计”，这样既能实现高效制造，也能满足夹衣功能。但是在夹衣服时，手很容易碰到铁环，有时塑料夹子与铁环也会突然散架，这些就都是需要解决的问题了。很多情况下，要想把散架的部分复原相当困难，最终不得不丢弃；塑料部分在经年累月的使用后老化严重，经常在夹的时候会“啪”的一声断掉。

人们对这种状况一直都习以为常，并且在百元店或住所附近的药妆店都可以买到晾衣夹，因此很少会有觉得特别不方便的人。但从环保的角度考虑，传统的晾衣夹并非正确选择。我想，正因为每天都在使用，我们才应该把它做得更安全、更结实，应该以让消费者爱不释手为目标，让消费者萌生这种意识也是品牌的职责。

新晾衣夹的开发工作从收集身边的“带有铁环的夹子”并进行观察研究开始，我们发现，很多文件夹的铁环结构大多是平板状，并不外露。如果把晾衣夹的铁环也改造成这样，设计会变得简洁，使用起来也更省力，于是，我确定了新晾衣夹的基本结构（图4-5）。

图4-5：#001-Clips隐藏铁环式晾衣夹

此外，我们还对其他细节部分做了种种改良。在把手和夹的部分贴上一层柔软的树脂材料（垫片），以此提高使用时的舒适度，且不容易在衣服上留下痕迹。对于此前大多数人都认为无计可施的部分，我们也从功能本身出发，重新思考，从而产生了新的想法。通过踏踏实实的改进，一项前所未有的原创产品问世了。

在晾衣夹的开发过程中，发生了一个小插曲，足以说明当下日本企业的理念。协和nasta从未生产过晾衣夹，也不了解这方面的技术，团队成员为了将这一新型晾衣夹的设计产品化，就把生产工作委托给了晾衣夹市场占有率最高的厂商。邀请对方试做样品时，对方的负责人却回答：“现有（设计的）晾衣夹卖得不错，不需要制造新产品，非常抱歉不能协助你们开发制造！”原本以为这是改变晾衣夹理念与价值的第一步，但是对方的回应却令人遗憾。由此，我意识到了这是当下日本企业与流通行业中普遍存在的理念。

“当务之急是生产现在卖得好的产品。”

“因为消费者满足现状，所以没有必要做新的开发。”

但是，对现状坐视不理的结果就是无法开发出革新性的产品，所以，很多领域的产品市场就被欧美和亚洲的制造商侵占。这不仅仅是晾衣夹的问题，团队成员们不禁愤慨不已。人们常说“天无绝人之路”，后来我们还是找到了合作厂商。因此，即使被一家厂商拒绝，但还是有接受这个创意的其他厂商，关键是不要在被拒绝一次后就轻言放弃。

展示会的收获

nasta产品开发以在2011年6月的“东京国际家具展”上发布为目标，逐渐加快了开发进程。

2011年3月，我开始着手与展示会相关的设计。大家可能已经了解，展示会上的展示设计也是设计管理工作中的一环。首先组建以协和nasta的职员为主的团队，并且，为了具体呈现我的设计理念，还从企业外部招募了展场设计师、设备程序设计师、文案写手、翻译员作为专家。实际准备时间只有两个月，为了完成如此巨大的任务，我们的计划表几乎满档，团队成员团结一致、密切合作，终于取得成果。展示会当天正赶上难忘的东日本大地震，展示因此被中断，再次重启已是4月，但是大家克服灾难的决心、团队的凝聚力却更进了一层，成员对社会肩负的使命感也进一步增强。

展示会如我所料，很多人都前来询问：“这是哪儿的品牌？”“是海外的吗？”我们赠送给客户印有红色nasta标识的手提袋做宣传，此后，前来咨询的客户越来越多（图4-6）。我们最大的收获就是得到了很多B2B客户企业的关注。

“我们一直在期待这样的产品！”这些言语中洋溢着喜悦。我真切地感受到，协和nasta的目标已经传达给了顾客。之后，展示会在出乎意料的盛况中闭幕。

图4-6：东京国际家具展（2011年）

每次参加展示会，令我印象最为深刻的还是团队成员的表情变化。对于协和nasta的成员而言，这是他们第一次亲眼看到终端客户接触企业产品时的反应，所以大家刚开始都非常紧张，表情严肃。但随着客户不断增加，团队成员的成就感不断增强，工作动力也大大提高，每个人都由此积累了自信与经验，从而更有信心开展今后的工作。人一旦成长了，神情和服装都会发生变化。“洗衣周边产品开发项目”的团队成员也不例外，他们作为一群朝气蓬勃、自信满怀的年轻上班族，因为经历磨炼而愈加干练。

另一个让我印象深刻的是和项目没有直接关系的协和nasta职员所表现出来的态度变化。因为不是团队成员，所以他们刚开始时只是远远地站着，带着一副担心的神情，观望着展台，之后会慢慢走近展台，仿佛在夸耀自己企业的成果，并为之自豪。这种距离感的变化与此后企业内的意识变化相通——此前对这个项目抱有怀疑态度的人也逐渐理解了项目的意义。后来，笹川先生说："这种企业内部动力的变化才是展示会最大的收获。"在此之前，下游承包商的企业性质使得员工们多少有些不自信，但这次展示会使他们重新感受到了自己在企业中的主人翁角色。此前也提过，企业的职责就是给所有利益相关体带来利益，其中，为员工提供一个自我提升的舞台非常重要。管理者应该准确地把自己的理念传达给员工，以身作则，使大家安心工作。

更加让我高兴的是，参观nasta的学生们表示，"自己也想尝试这样的挑战"，并且愿意毕业后到nasta工作。对于企业而言，"人"是无可取代的财产，人的动力是企业一切工作开始的基础，"有干劲的人才=人财"，有动力的人才加入企业难能可贵。从这里也可以切实感受到nasta不仅局限于新产品的开发计划，同时还提升企业价值，实现更加重大的计划。像这样，设计带来的效果影响深远。

从这场新产品开发为主的展示会上，可以看到协和nasta以及团队成员在与过去诀别。在工作中很难得到机会站在华丽的舞台上，但站在人前的紧张感可以使人快速成长。我通过设计管理可以为企业提供革新性的产品，但最喜欢的还是通过这一工作带给人们人生的美好转机。

新方案的产品开发

在2011年的展示会上，晾衣竿如我所料，备受瞩目，同时也使我确信室内晾衣这一潜在需求的存在。从反馈的结果发现，在都市以外的地区，比如积雪严重的东北和北陆地区，以及近来受到PM2.5问题、火山灰严重影响的九州等地区，人们对室内晾衣的需求都很高。

正因如此，为了实现B2C2B战略，一款可以与晾衣竿搭配使用的"吊环"也不可或缺。承担这一任务的，就是我之前提到的"AirHoop"等"air系列"产品（图4-7）。

图4-7：“nasta”air系列

Air Hoop是一款将基座设置在天花板上、能够吊挂晾衣竿的室内晾衣用品。虽然这种产品很早之前就存在，但因为并不常见，而且需要安装到天花板上，所以主要是面向B2B客户。此外，虽然包括协和nasta在内，制造这类产品的有多家企业，但实际的市场状况却是一家独大，协和nasta的市场份额极小。然而，如果能够针对现代生活方式与居住环境中的问题，提出自己独特的解决方案，也许可以扩大市场份额。从“洗衣周边产品计划”启动之初，笹川先生带领的整个团队就抱有这种期望。我想，以此为起爆剂，也许可以带动企业整体实现巨大飞跃。

于是，在沿袭nasta洗衣周边产品系列理念的同时，我们想开发具有“对于一般人来说也很容易自己安装”的优点的产品，并以此一决胜负。这一目标可谓一矢中的，2012年6月，协和nasta在第二次“东京国际家具展”上发布了这一产品，马上有很多不动产开发商和住宅商前来询问，新产品不仅被他们选为公寓与住宅设计中的基本设施，还通过通信销售与协和nasta的在线销售得到了很多最终用户的直接购买。分析购买者的信息后，发现女性购买者居多，这也引发了我的兴趣，并从中认识到，虽然消费者存在潜在需求，但我们并没有完全满足他们。

与竞争对手拉开差距

在开发新产品与创立新品牌之际，必须提出具体对策，从一开始就尽可能地拉开与竞争对手的差距，尤其是单纯的功能性产品，更容易在短时间内被模仿。于是，在开发air系列时，除了AirHoop之外，我们还设计了其他相关项目，一并提出全部四种产品的方案，其中之一便是“AirTorch”（图4-8）。

图4-8：“nasta”air系列Air Torch

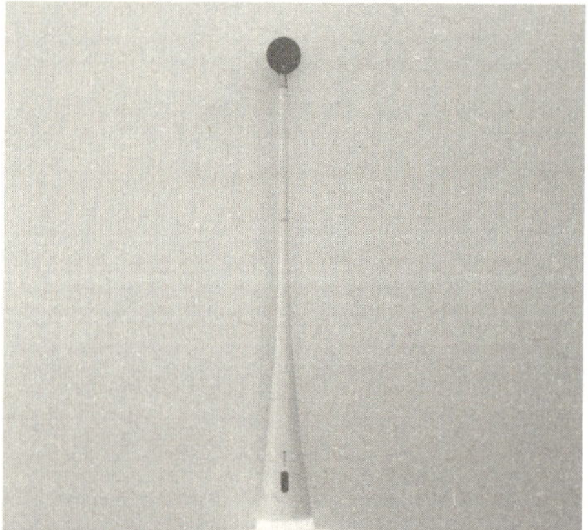

创意来自人们在紧要关头需要找寻手电的实际体验。

AirTorch采用电池式LED灯，和AirHoop一样，把基座安装在天花板上使用，垂吊在底部的灯也可以取下来当手电用，构思简单而合理。我想到，把基座安装在天花板上，就可以当作住宅里的基本设施了，这样一来，天花板的空间得到充分利用，消费者不仅可以愉快地度过洗衣时间，在家里的所有时间都会过得更加愉快——这就是产品的意图所在。

在做产品策划时，往往会按照容易理解的“需求”决定产品项目，但其实完全可以实现更多的延伸。AirTorch在功能方面已经脱离了“洗衣”的脉络，但从“使日常生活变得特别”的角度看，它仍然沿袭了一贯的“故事”。重要的是从一开始就建立这种具有灵活性与包容性的概念，事先引入具有包容性的观点，从而避免延伸的创意被否定。

地震发生时，人们总是很难找到手电，有效利用天花板空间的创意就来源于此。我思考了一番，发现住宅里准备的手电大多没有设计感，几乎找不到既实用又时尚的产品。这个创意即：“日常和室内装饰相协调的照明设施，如果能够在突发时刻当作手电使用，那就太便利了！”

此外，为了共用一个基座，我确定了白天使用AirHoop晾衣、晚上使用AirTorch作为简易的读书照明灯的使用方式。在地板上放置物品会使空间变得狭窄，但天花板上却只有照明设施与消防警报器。也就是说，天花板上还有很多剩余空间，可以充分利用。

品牌内化推广的思考

在产品开发中，产品发布会带来什么影响？如何吸引人们前来问询？对这些问题的思考非常关键，只有这样才能成就真正的事业。有人主动前来问询和无人问津有着天壤之别，不论是洗衣周边产品还是室内干衣设施，如果人们前来问询，企业都能以此为突破口，得到各种提案的机会。一旦某个项目的特定产品热销，多数人都会因此雀跃。的确，能热销当然最好，但更重要的是思考如何以此为契机，抓住之后的商机。

另外，还要预想到最糟糕的状况。比如企业内可能会有人不愿看见或者嫉妒计划的成功，甚至会有人从中作梗，拖慢计划的进展。对这种情况当然要防患于未然，这里就需要管理者亲自出马了。管理者应该敏感地察觉到这种气氛，当机立断，采取切实措施。

为了提高所有员工的动力，协和nasta的管理者在发布产品以后也采取了各种各样的措施。2013年，nasta以及air系列的负责人笹川先生出任总经理，一上任就立刻组织员工亲手发表企业刊物，这在企业历史上是第一次。刊物封面上刊载员工的照片，使员工们可以感受到企业对努力工作的自己的肯定。而且，以企业刊物为起点，之后他不断拉近在总部、工厂、地方营业所等不同场所工作的员工的距离，使他们互相认识、了解，并意识到大家同属于一个大家庭，他甚至还亲自走访了地方营业所。此外，他改革人事制度，彻底取消年功序列制，使业绩优秀的员工得到恰如其分的地位和待遇，创造了一个健全公平的竞争环境。

为了与新品牌调和，他组织重新翻修了东京总部一楼的展室（MTDO inc.负责翻修工作）。虽然以前从来没有最终用户前来访问，但现在这间明亮、开放的展室（图4-9）总会吸引路上行人的目光，甚至会有人入馆参观。这种被人欣赏的喜悦与令人愉快的紧张感也提高了员工开展销售活动的动力，员工们会自信地发出

图4-9：协和nasta展室

邀请：“请一定要来参观我们公司的新产品！”如此一来，设计管理的效果就波及了企业的方方面面。

这一系列通过设计管理实施的过程正是品牌内化。多数企业认为品牌战略面向消费者，需要整顿外在的形式或提供硬件，然而，品牌内化也是品牌战略的重要支柱，要想打造出优秀的产品与服务，企业依靠的不仅是产品和广告，充满活力的员工才是关键。

人是最重要的财产

协和nasta至今仍在发起新的挑战。今年（2014年）新增“air+（air plus）系列”产品，这一产品阵容超越了室内晾衣的框架，将nasta的理念延伸到室外，因为沿袭了nasta一贯的理念，设计自然也保持了一致。一把它们刊登到协和nasta的目录上，询问就让人应接不暇，从这里的成功也可以看出，协和nasta的确满足了顾客的巨大期待。

我对终于走到现在这一步感触颇深。计划开始时设定了“B2C2B战略”，即把在室外产品方面积累的经验与技术反映到室内产品上，再将在室内产品中积累的经验与技术反馈到室外产品上，结果真的如同制定的方案一样，步步推进。这些大概要全部归功于管理团队明确的领导，以及提倡改革的企业风气。另外，时至今日，协和nasta从未停下挑战的步伐，不仅是nasta与air系列，主打产品的新产品开发也被提上日程（图4-10）。

在与协和nasta长久以来的并肩作战中，我认识到企业风气对革新的影响很大。几乎所有企业里都会有不少有创意、面对现实而努力的员工。但是，这样的人才无法得到发掘，提出的创意也会在萌芽阶段被否定、扼杀，这种案例多得令人讶异。而且，这并非有意为之，而是缘于企业风气，比如有的企业为了避免失败就把回避风险作为重中之重。尽管根除这种弊害相当困难，但当员工对未来保持积极态度并想勇敢挑战时，企业的支持非常重要。企业在实施设计管理之前，应当首先思考“是否践行了有人情味的、充满爱的管理”这一根本问题。

图4-10：协和nasta主打产品的开发也得到发展

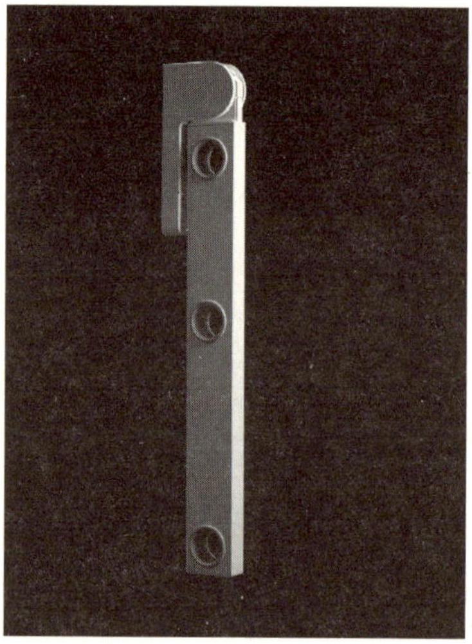

日本高气密住宅墙壁必备的换气调节器（普通通风扇）。按照不动产开发商和建筑商的要求，设计方便使用的结构和功能。
作为室外产品开发的nasta air+系列晾衣竿托架。重新审视材料和结构，在设计室外产品时，也沿袭了nasta一贯的理念。

著名管理学家彼得·德鲁克在著作《管理：使命、实务、责任》中说：

> 所谓人员的管理，意即提供个人强项发挥的机会。人都是软弱的，极端地软弱，所以才会产生种种问题，才需要繁复的手续与琐碎的制度。人既代表着经费的支出，也代表着威胁的可能。

然而也因如此，人需要被雇用。其实每个人都有强项、有能力，组织的目的正是将人的强项和生产联结在一起，并且中和掉人软弱的一面。

也就是说，“人是最重要的财产”。但是，企业这一组织却没有使“人”这一资源发挥最大的效用。有效利用人才，使每个人都适得其所，这样才能够提高业绩，创造出信赖与成果，之后形成真正的管理风格，促使员工成长。因为我在nasta项目的全程中，亲眼见证了这一系列变化，更是对以上观点深信不疑。

在协和nasta的案例中，还应该学习的是“实践”的重要性。口头上谈谈理想太过容易，但说与做截然不同。在协和nasta这家企业里，工作中经常听到的就是：“不错！总之先做做看吧！”管理层能否说出这句话，关系到整个企业的明暗。德鲁克在同一本著作中关于对待创新的态度有如下描述：

> 负责管理的高层，必须将正面采纳员工的创意视为自己的职责本分，还要知道好的创意往往显得不切实际。要想获得好的创意，不仅必须明白大量的笨想法是必要的，更要了解任何人都难以轻易判定两者之间的差别，因为它们看起来永远都一样不切实际、愚不可及，同时又看起来一样新奇、一样有趣。

在进行革新的过程中，整个组织继续学习的风气更是不可或缺，绝对不能产生“已经达到目标了”的想法，而要当作继续学习的一个过程。很多管理层错误地认为革新就是目标，但协和nasta却以一项革新的创意作为接下来前进的基础。停止步伐不仅意味着停止成长，还会导致衰退，这一点正如在第一章中所提到的那样。我特别喜欢下面这句话：

> 拒绝改变的背后，其实是无知，亦即对于未来的焦虑。

现在，我的工作已经不限于协和nasta的洗衣周边产品系列和air系列，还会着手他们要开发的各种产品，这的确是历经三年活动后的必然走向。经过这些忘我奋斗的历程，他们逐渐扩大了人脉，开始能够理解企业活动的本质意义，以及今后应有的态度。企业永远都不能停止前行，必须时刻关注时代，持续为人们提供他们需要的产品。而持续的发展，则需要不断地革新，革新本身并非目的，它是企业为了维持应有的姿态而必须持续努力的责任，这一点需要铭记在心。

我在做产品策划时，经常提倡“无性别”（unisex）理念。因为我认为男女之间虽然有生理上的差异，但思考方法与价值观的根源部分几乎相同。不分男女，人们都会对美的事物产生审美。因此，真正的设计应该跨越性别。

不久前，听定居北欧的日本友人说了这样的话：在北欧超市里，没有男用、女用的划分，全部商品都无性别，采用一致的设计，即使是餐具，也没有“女性专用”的概念。

这些想法一定受到了社会观念的影响。北欧是著名的“男女平等的社会”，女性的工作与生活平衡水平也是世界最高的，根据2013年世界经济论坛（WEF）发布的性别落差指数（Gender Gap Index），北欧位居世界前四，日本却排名第136（共136国）。

另外，在日本的电车里，女性专用车厢的存在也令人感到违和。这种做法难道不正是违背了男女平等的原则吗？为了避免麻烦的产生而提前设定男女分开乘车的方法，不可能从根本上解决问题。仅仅为了解决某一个问题，却混淆了问题的本质。

尽管呼吁女性进入社会，但日本的现实却与理想相去甚远。日本的《男女雇用机会均等法》施行于1986年，与北欧从农业时期就意识到男女平等相比，日本的觉醒相当迟缓。此外，日本从制定此法律已经过了约30年，但仅靠制定几条规则就能实现真正意义上的平等吗？着实令人怀疑。今天必须考虑的是建设一个承认多样性、所有人相互协作的可持续发展的社会，正因如此，不存在“性别差异的设计”这一选项。

所以在此抗议！充满偏见的市场战略纯属胡闹！

05
设计管理的引进

读到这里，想必大家对设计管理的重要性和基本原理已经有一定的认识了吧。我通过自己的工作，逐渐让打动人心的设计进入大众的视野，因此非常希望大家能够相信设计，勇于挑战，推动自己的工作、自己所在的公司，乃至整个社会向更好的方向发展。

设计管理者相当于一个乐队指挥，交响乐团要用到很多乐器，指挥的工作就是让每一种乐器的魅力都发挥出来，同时保持整体的和谐。明确演奏的场合和情境之后，指挥就会开始考虑怎样吸引听众的注意力，只有在精通每一种乐器的特点的情况下才可能具备这项技能，这和设计管理围绕一个品牌统筹各种要素的过程是相通的。交响乐团和设计管理的终极目标都是要撼动受众的灵魂，因此，设计管理者不仅要精心打磨每一项要素，还要统筹各项要素使整体和谐，实现效用最大化。

那么，引进设计管理时需要具备哪些基本的思维方法呢？在最后一章中，我将对此展开讲述。

设计的三大要素

我从自身的工作经验中提炼出了设计的三大要素：逻辑力、感受力、热爱力

（图5-1至图5-5）。三者往往相互交织，维持平衡又互相影响。不同的设计师各有所长，但对于这三者绝不能有所偏倚，也不能舍弃其一。而且，逻辑力、感受力、热爱力三者越是相互交融，设计的灵活度越高；而三者关系越是松散，就越不可能实现真正的设计；倘若三者完全互相脱离，则不可称为设计。

图5-1

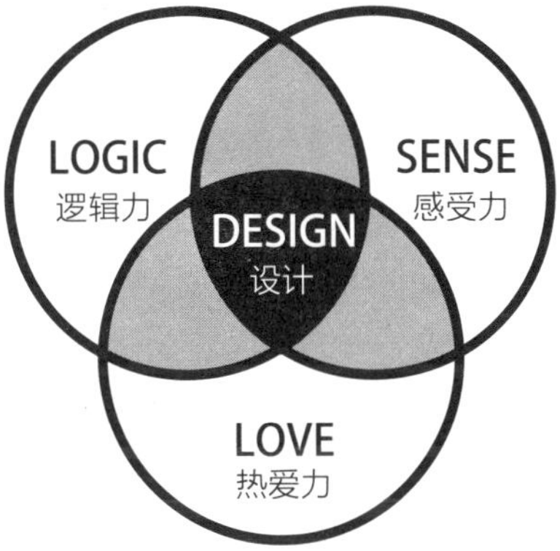

三个要素之间交叉越大，设计的精准度越高，此时也更容易出现创新。此外，如果设计能够保持美感与平衡，就能呈现给人们理念一致的品牌。

图5-2

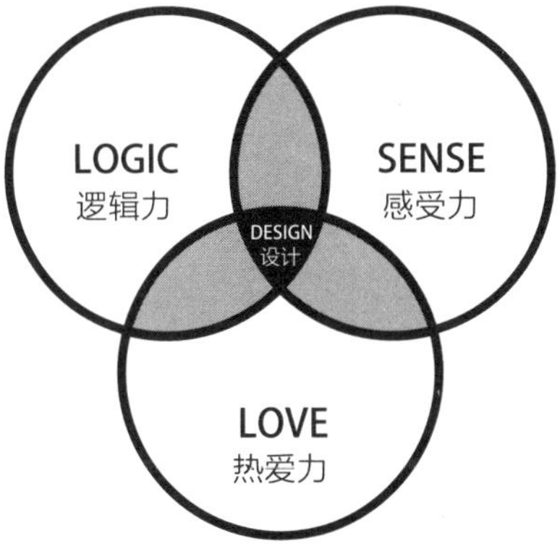

若逻辑力、感受力、热爱力三者之间相去甚远，设计会被限制在狭窄的范围内，项目的目标和理念也难以传达，很难成功。

图5-3

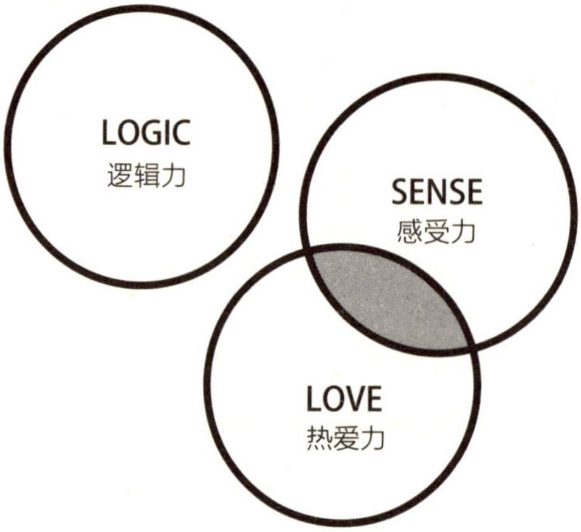

在缺乏逻辑力的情况下，以设计师为主导，会创造出极为艺术的产品。

图5-4

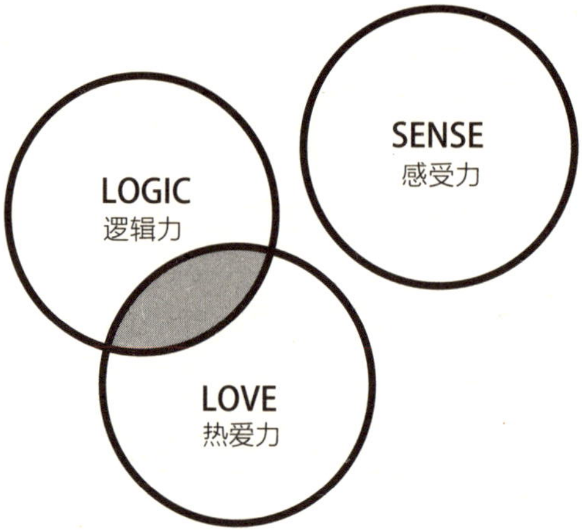

在缺乏感受力的情况下，以技术人员为主导，会创造出技术集中的产品。

图5-5

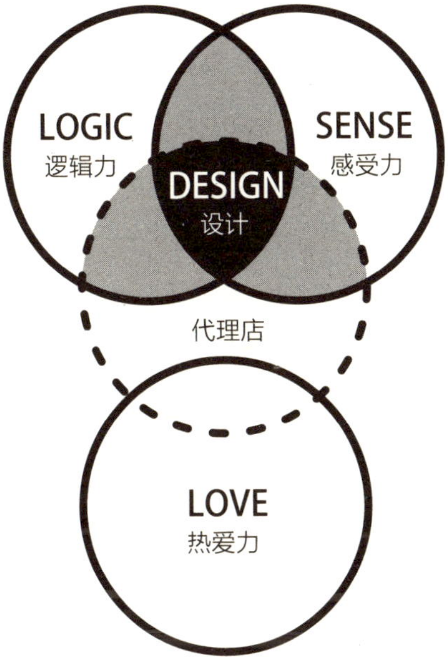

在缺乏热爱力的情感的情况下，负责产品制造的人没有主人翁意识，很难让人感受到设计的灵魂（最糟糕的情况）。

具体来说，成功的设计包括，逻辑严密的设计方案，加上凭经验支撑的直觉感受力，以及触动人心的叙述方式。既不是“抛开左脑启动右脑”，也不是“无须大脑思考，只要下意识用心感受”；既不能做出“这个办法行不通，那样才是正确的”这种非黑即白的判断，也不能盲目乐观地认为沟通协调是一帆风顺的。发起新挑战的时候，事情不可能总是稳步推进的，有时需要退回去或者绕一些圈子去想解决办法。信奉效率至上、回避迂回周折是异想天开。

逻辑力

逻辑力（Logic），我指的是运用推理方法向他人清晰、有条理地传递信息，其实就相当于一种辅助思考的工具，灵活运用有效的叙事方式糅合信息，例如，用5W2H体系【Why（为什么）、What（做什么）、Who（谁）、Where（何地）、When（何时）、How（怎么做）、How much（多少钱）】阐述项目的起因、目的、对象，逐渐形成一种基本工作方法运用到实践当中。无论用什么方法，只要能客观地说明自己或是公司的核心目标，从而引起别人的共鸣，就是合理的。需要注意的一点是，我在许多案例中发现，人们投入到了这项工作中之后很容易沉浸在这项工作里，因此不能进阶到发现根本问题、找出解决办法的程度，此时就应该群策群力，发挥集体智慧。因此，相比埋首办公桌整理资料，不如热火朝天地展开讨论，专门找个时间探讨新的可能性。

此外，为了形成更有效的逻辑力，不可依赖于第三方提供的数字信息，而必须不断塑造自己的感受力，这样向他人说明时才能设身处地，更有说服力。

正如第一章提到的“用脚去作画”，要想穿透表层深入本质，一定要采取实际行动。是发挥能动性主动积累经验，还是被动地对刻板的数据照单全收，这两种态度有天壤之别。尤其是在做策划和设计的时候，工作人员总是被要求“上班时间就好好地待在公司里做事，没必要外出”。即使不是创意工作者，被这样要求也是不合理的。只知道埋首办公桌苦干，创意不会从天而降，而且这样得不到即时的反馈，接受反馈的人也无法及时得到有效信息跟踪进展。所以，不如放开员工外出的权利，这反而更能让他们意识到必须及时拿出成果的紧迫感，从而营造一个高效的工作环境。

感受力

感受力（Sense）是一种智慧，指的是人在日常生活中通过感官刺激获取信息的统合能力。这种能力不完全是与生俱来的，可以通过后天的磨炼塑造出来。不过，记忆和联想这样的信息处理方式很难被量化，肉眼不可见，因此往往被忽视。但是，真正的感受力不是偶然间的灵光一闪，而是对寻常日子里捕捉到的信息进行加工、组合的处理能力。

当然，人的感受力也受到先天条件的约束。据说，人的幸福感有一半是依赖遗传因素的作用（《让孩子的脑子转起来——培养聪明孩子》）。先天基因的影响占比达到一半，的确挺让人吃惊的，但通过后天的努力改变基因的可能性是等同于先天基因的。就像持续的体育锻炼塑造我们的体格一样，如果持续训练与设计相关的能力，不仅能让我们的感受力变得更加敏锐，还能丰富我们的体验，让我们掌握更多认知的角度。因此，任何人都可以通过后天的训练来砥砺我们的感受力。

为此，我们既要对未来充满希望，又要留心生活，对日常小事多长一个心眼，保持好奇心，多问为什么。通过这样的反复训练，我们就会逐渐形成个人的判断标准，包括处事原则和看待事物的眼光，等等。

热爱力

热爱力（Love）的对象是人心，设计活动的最终目的就是打动人心，从大脑机能的原理来说，就是要刺激大脑产生快感，如果想知道这种快感是什么，就一定要亲身体验。要达到这种快感，不是赋予人快乐的情绪就可以了，它归根结底是一种引导人们成长的积极情绪，交织着有趣、快乐、感动、惊讶等愉悦情绪上的感官刺激。设计者想知道这种感觉，首先自己玩心要重，日本公司说到“玩”（Fun）往往嗤之以鼻，所以才会有那么多人不思休假，不会享受忙里偷闲。可能是因为整个社会的氛围就是不以休假为乐吧，我发现有很多上班族缺乏放松心情的能力。人如果总是持续输出是会枯竭的，因此有必要常常给自己充电。人的创造力和资源一样，都不是取之不尽、用之不竭的，持续的输出之后一定要及时补给。而且，磨炼感受力的同时，还有助于培养条理分析的逻辑能力，从丰富的体验当中大量汲取正面的信息，促进我们的心性不断走向成熟。

热爱力还意味着“热情”（Passion），一种可以触动灵魂深处的力量。我在前面讲过，气魄是成功的重要素质。想拥有超凡的气魄，就要有坚定的信念，唯有生生不息的热情能够支撑这种信念。在工作中需要互相燃烧热情，从而互相交融、升华，这不正是工作最大的乐趣所在吗？这不仅适用于公司内部环境，而且适用于任何有参与者的场景，比如和终端用户的互动交流、和社会的接触、和产品上下游合作方的沟通，以及和股东的沟通等。完善的沟通机制可以让交流更通畅、高效，协和nasta的总经理决定翻修全公司的办公室，就是完善内部沟通渠道的一个表现。管理者无须事必躬亲，但一定要为员工提供一个能够点燃他们工作热情的环境，一旦营造出了能够激发人们自主性的环境，员工就不会轻易被眼前的困难打倒，而是自发地下定决心去克服。如此一来，以前感觉到的所谓痛苦，转眼之间就化成了一种兴奋感，这种兴奋感会逐渐催化人的创造力，人们就不会再为自己找借口。经过自己深思熟虑之后采取的行动，就算周围的人觉得自己失败了，本人也能从中吸取经验，为将来的成功做准备。与其受困于暂时的不成功，不如把它当作积累经验的过程，再接再厉，形成良性循环，每个人都应该朝着这个方向努力。

总之，想要实现真正的设计，首先要在脑海里对“逻辑力”“感受力”“热爱力”有清晰的认识，有时偏重理论、有时偏重直觉、有时偏重情感，根据实际情况灵活调整比例，并注意维持三者之间的平衡。

设计管理在公司中的地位

想要顺利引进设计管理，最好不要安插到设计部门或是策划部门，而是要让设计管理和管理直接结合起来。第一章提到过，设计管理的活动统筹整个公司，设计的流程与公司的经营理念、战略、愿景等密切相关。因此，最理想的状态就是最高管理者本身具备设计管理的思维，但实际上总是事与愿违。接下来，我将讲述在引进设计管理时，应该如何协调各部门，以及应该如何展开行动。

沟通的重要性

别人的反馈能帮助我们更好地认识自己，我们每个人都很难全面了解自己，因为我们难以客观审视发生在自己身上的事情。但在和别人交流的时候，有时感同身受，有时发现某些偏差，有时会意识到自己真实的想法。因此，我在描绘项目前景时，很重视和别人的沟通，在项目启动之前，我没有急于动手，而是花很多时间去采访、倾听，经常与人进行推心置腹的交谈。

其中，我最推荐面对面的沟通。虽然这些年比较流行视频会议和视频聊天，但现有的通信技术传达不了人和人之间的温度。正如前面提到的，体验的过程需要五官协调感应，因此，人的声音虽然通过话筒传递过去了，但真实情形无法反映出来。人的直觉对于表情、声音的起伏和停顿是很敏感的。

在工作之前应该先通过交流了解对方的个性，在信任的基础上开展工作才能产生凝聚力，建立起优秀的团队。因此，平日应该避免没有人情味的交流。

沟通是一种体力活，它不仅是一个传达信息的过程，还是两个独立个体之间的碰撞，因此需要秉持互相理解的态度。所以，有时碰到消极应对沟通的人，我总觉得很可惜。我有过这样的亲身经历，在某个项目中专门安排了一项“对话”议程，但有的人以有公务在身而中途退场，更糟糕的是，有的人干脆不来。我在项目起步阶段安排的谈话很像医生的问诊，不可能马马虎虎地就给出诊断。独立个体之间的碰撞会迸发出不可估量的能量，这也是创新的必经之路。因此，虽然这个过程会有些棘手，但是一定要创造机会好好地坐下来把话说清楚。

沟通的目的在于随着交流的深入逐渐形成共识。因此，为了听取对方话语里的关键信息，沟通时我总会用心倾听，我知道对方的想法能帮助我调整自己的思维方式。

从另外一个层面来看，辩论的目的是驳倒对方，听别人说话时就会刻意找对方的漏洞，因此应答总是带否定倾向，这就是辩论的特点。

想要迸发创新，就必须在形成共识的基础上综合每个人的优势，注意换位思考、平等对话。偶尔也要站在对立面反驳对方、在尊重客观事实的基础上推进交流的深入，这种适当的辩论是有必要的。能区分并自如地运用这两种话语模式的人不多，我认为很有必要根据时机、场合去合理运用它们。

总之，未来需要的是连接型人才，因为凭个人力量是无法应对错综复杂的现代社会的。因此，有必要朝着提高沟通质量的方向努力，发挥共创精神创造更多新成果。如果个人力量有限，也不要耻于借助别人的力量。把各个领域的专家们的高见汇总到一起，沟通质量一定会有效提升。首先意识到自己是以沟通而不是辩论的姿态去对话，这是构建多样性、包容性、可持续发展社会的基础。因此，只要稍微改变一下自己的心态，看待世界的视野会变得空前的开阔。

触碰灵魂

我在访谈的时候，一方面是希望了解公司的情况，另一方面还想了解员工们的个性之类的隐性信息。有一次，和我聊天的员工说“我并没有那么清楚地表达出来，但您却能体察到我的内心，简直就像心理咨询一样”，这种交流方式也是设计管理的特点之一。很多人都会分析、整合可视化的信息，但我认为达成能够触碰对方灵魂的沟通才是最重要的，也是最应该予以重视的。

在河合隼雄、茂木健一郎合著的《心脑谈话》的第三章《拯救心灵的谈话》部分就提到了这种交流方式。河合隼雄生前是著名的临床心理学家，第一次接待年轻女性患者“人格解体综合征”方面的心理咨询时，他内心在想：“能不能撼动控制她的最根本的东西——灵魂，是我能不能成功解救她的关键。……所以，我一定要好好听她说话，不能说刺激她的话，或者被她的话引入歧途。”

这本书是我在跟一个人谈关于“爱的重要性”时，这个人介绍给我的。他说，有一本书跟你的观点不谋而合。我读了以后发现的确如此。由此我更加确信，若要触及一个人的内心，倾听是不可或缺的。这本书提到一位患者，多年寻访很多医生都没能治好，而在见到河合先生的瞬间就坚信这次一定能成功。我相信设计的世界里也会有这样的交流。

想要壮大一家企业，就一定要撼动掌控人们一切言行的——灵魂，从而建立起有活力的团队，让全公司凝聚一心。定位不清、迷失方向的公司可以向不受本公司传统束缚的外界人员倾诉烦恼，说不定会找到眉目。这里需要的不是自说自话的人，而是乐于倾听的人。

为了笑容

有一样东西看似简单做起来却很难，但又最应该受到重视，那就是“笑容”。你的职场笑容洋溢吗？如果是，那交流也一定很活跃，工作也会很顺畅。但是，很多公司人际关系却很紧张，或者是面临着什么挑战而愁眉不展。没有笑容是工作热情欠缺的表现，人们很可能会渐渐地丧失工作目标，更别提创造新价值了。

我满腔热情地投入到工作中，就是为了让很多人绽放笑容。例如，制造业公司生产出产品，使用者感到满意会绽放笑容，看到这一幕，我和我的同伴们也会露出笑容，家人看到我工作很快乐，脸上也会浮现笑容。笑容有着了不起的传递效应，而这也算是辛勤工作的最朴素的一个动力。只要是朝着让人绽放笑容的方向努力，积极行动起来，一定能推动事情向良好的方向发展。而让别人绽放笑容的第一步，就是自己先绽放笑容。

不管做什么，首先自己要保持好心情，带着笑容和对方交流，这样才能考虑到对方的心情，如果做不到这些，就无法实现真正的沟通。

组织是由一个个的人员组成的，人的优点与缺点不能一概而论，只有充分了解之后，才能实现有效沟通，这一点务必铭记在心。每个人都是组织和社会的一员，为身边的人考虑是理所应当的。

我曾经也是组织的一员，很能理解现在的困境，但我觉得工作的乐趣远远大于痛苦。虽然有时困难重重，能让团队成员保持愉悦和干劲的项目就是成功的。要让自己享受工作的乐趣，就要设法让周围的人都保持愉悦。如果每个人都能将心比心，职场的氛围就会变得活泼、明快，从而激发人们创造的欲望。

笑容，是跨越一切障碍的最佳良方。

人生目标在何方

你想过自己为什么工作吗？你觉得自己每天的工作有意义吗？

美国心理学家亚伯拉罕·马斯洛（Abraham Harold Maslow）提出了“需求层次理论”，他认为人是不断地追求自我成长的生物，于是将人的需求上升到理论层面列为从低到高的五个层次（图5-6）。顶层的是“自我实现需求”，这一需求不同于其他四种需求，它不是来源于缺乏，而是为了最大限度地发挥自己的能力、实现真正的自我而产生的。如果一个人意识到了这一层次的需求，即便不能满足下面四个层次的需求也无关紧要了。古希腊哲学家亚里士多德也断定：人生的终极目标就是追求幸福。虽然自我实现的终极目标是追求幸福，但很难在有生之年实现，因为人是处于持续成长之中的，今天的幸福到了第二天就可能索然无味了。如果将人的一生设定为追求幸福的一生，那么所有的行动都受到这个目标的驱动，无论发生什么都能勇往直前、全力以赴。

5-6：需求层次理论

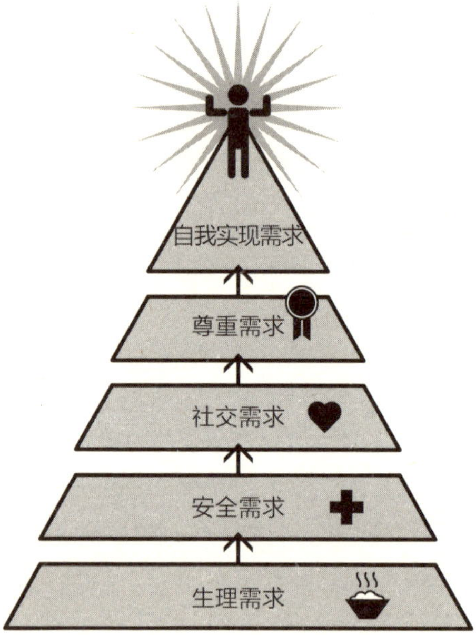

人类活动的动机由低到高可以分为五个层次，其中最高层次为“自我实现需求”。马斯洛在其著作中对“自我实现需求”有如下描述：“这个名词所指向的乃是一种人对于自我满足的欲望，亦即一种把潜在自我变为真实自我的倾向。此倾向可以说是企图提升自我、成就个人极致的向往。……而且，其中存在着极大的个人差异。”[1]

到底什么是幸福？每个人的感受千差万别，环境和地位的差异带来各种各样的关于幸福的答案，但追求幸福本身是全人类一致的愿景，而设计活动的目的就是让人们感觉到幸福，因此设计活动在本质上和人类最深层的需求是一致的。

---

1 节选自《人类动机的理论》，亚伯拉罕·马斯洛著，小口忠彦译。

心怀梦想

你的梦想是什么？你每天在工作的时候想过这个问题吗？正如“马斯洛需求理论”所说：人是追求幸福的生物。那么，人类的终极梦想应该就是追求幸福。我认为除此之外，若要给自己的工作赋予意义，就一定要心怀梦想，因为一旦有了一个让自己百折不挠的梦想之后，自然而然就会涌现出不惧困难的勇气和激情。

人人皆当善养其护国之气力，以此为世间尽一己之力。

每个人都应该心系国家，为全社会工作。说的就是要树立远大理想，这不仅是梦想，也是野心。我认为一旦开始工作，就应该志存高远。野心是一种突破自身极限的愿景，正是因为有了突破自己的极限、在心里扎根生长的野心，才会对工作倾注热情，不会为一点小挫折而沮丧。想为社会做贡献、做出改变，就需要心怀梦想。

有了梦想、野心和热情，人就获得了强大的自我驱动力以及主观能动性，从而全身心投入到某种事业当中，进入一种“心流”[1]状态。

即使遇到困难，只要认定了一件事的价值，人就会很自然地全身心投入。这种状态未必伴随着快感，例如马拉松选手经常会陷入极为痛苦的状态，但最终完成赛程的时候是无比激动的，这时的成就感也可以说是“非凡体验”，也和幸福感基本相通。

工作中充斥着“因为竞争对手是这么做的”“要胜过竞争对手”这样的消极竞争意识。但想要达到“心流”状态，需要的是内在的自我驱动的动力，而不是外在的动机，也就是发自内心的、真正想做一件事的意愿。因此，只有不再被动地接受工作，而是主动创造、努力完成自己设定的目标，才能获得成长，迈向更高的台阶。

人一旦心怀梦想、坚守信念、志存高远，就会拥有战胜一切的力量。你在这

---

1 “心流”是心理学家米哈里·希斯赞特米哈伊（Mihaly Csikszentmihalyi）提出的概念，是一种全身心投入某种事物，而不把其他事物当作障碍的状态。沉浸在这种体验中会令人非常愉悦，因此，为了进入这种状态，人们不惜花费更多的时间和精力。（《创造力》）——作者注

条道路上绝对不是孤独的，和志同道合的人结成团队能迸发出不可估量的价值。我认为这正是工作的乐趣所在，这与人生追求的喜悦和幸福是相通的，还能传递给身边的人。

擅长玩乐

为人们带去欣喜、愉悦和感动也是设计的职责所在，因此，设计师自己必须了解什么才能使人快乐。从这个意义来说，工作中的人必须是擅长玩乐的人，同时要有相当的感受力。经验丰富的人可以靠直觉做判断，经验欠缺的人做判断则必须依靠第三方提供的二手消息。因此，依靠第三方获取信息的人要么没经验，要么就是对自己的判断能力自信心不足。

比如说，如果开发奢侈品的人没有体验过奢侈品，肯定就不会知道应该开发什么。然而，现实中很多人就是没有亲身体验就开始策划产品。公司也不是把什么经验都储备好了的，不应该等着公司为自己提供什么，而是要为提高自己的水平不断积累经验，对自己投资是很有必要的。

有一个日语词叫“粋”，我认为，想要享受工作的乐趣，首先就要具备这种精神。“粋”原本写为“意气”，最初指的是“旨趣”“全神贯注”，但从江户后期起主要用于形容女性的衣着风情。当时例行节俭的政令颁布之后，社会上盛行花纹（直线、格纹、碎花等）和颜色（茶色与灰色）朴素的着装。

每个时代都存在不同的挑战，当今时代也需要像“粋”那样突破逆境、探求新的可能性和机遇的智慧吗？乐于突破正是一种“玩乐”精神，拥有了“粋”的精神，也就具备创造新价值的资质。

真正的设计管理

接下来我将具体讲解我在平常工作中实践的设计管理过程。设计管理过程需要同时处理很多事务，因此工作量非常大。在此我希望它能对各位有所启发。

那么，“从设计的角度看待事物”这一说法，在具体工作流程中指的是什么？在此，我要特别提醒一点：不要混淆本章提到的“方式”“技巧”“操作”三个方面的内容。我在实践过程中总是反复思考：设计的本质是什么？为什么需要设计？相关商业和设计的书籍倾向于探讨方法论，但设计的答案不是唯一的。我在写这本书的时候尽量避免使用“这种方法最好”之类的语句，所以即便别人重新走我走过的路也未必能够取得理想的成效。很多人都误以为掌握了“方法论”就可以轻松地解决问题，那是异想天开。最好的办法就是，根据自己的实际情况，用行动一步步地亲自探索、灵活调整。

行动观察

不要一直坐在办公桌前，而是要实地考察、亲身体会种种现象，从而找到新课题的触发点，这才是“行动观察”的目的所在。人们对日常生活中的现象总是视而不见，正因如此才需要有意识地观察日常生活，而且最好养成从多个角度观察的习惯。例如，画素描时，如果中途换一个角度观察，很可能发现很多之前没有注意到的东西，比如判断形状是否扭曲或刻画是否失真等。同样，在日常生活中有意识地培养多角度看待事物非常重要。

想要获取潜在的信息，可以尝试“民族志”的方法。

这里我通过OSORO案例说明这一方法的优点。一般的讨论容易从“制作什么样的餐具”出发，但如果转换到“人们在什么场景使用餐具”这一以人为中心的角度考虑，就可以发现问题的根本所在。具体来说，在最初的企划阶段，我认为要开发可以用微波炉加热和用洗碗机清洗的餐具。但实际上，要开发能用于微波炉加热的餐具，就要让餐具适用于任何烹饪过程，还要能够把剩饭剩菜放在冰箱保存后第二天再加热。我还发现，要能把餐具用洗碗机进行清洗，其实本质上是要想办法为消费者节省时间。总的来说，我发现人们真正需要的，与其说是“新款餐具”，不如说是“方便日常生活的产品”。因此，我们就把目光放在了“什么样的餐具能够解决日常生活的不便”上，也就是要挖掘深层次需求、冲破该产业旧框架的束缚，开阔视野，开发新创意就变得容易起来了。如此一来，我们把

OSORO餐具放在日常的生活场景里进行观察，通过与饮食生活相关的场景，包括准备食材、烹饪、盛放、清洗、收拾，探索要开发什么样的餐具，认识到要和社会问题联系起来，找到了新的突破口。

田野调查不是什么新鲜的窍门，着重提出是因为它适用于当今购买欲消减的时代，能帮助我们找到消费者自己都发现不了的需求，让我们能够认真审视日常种种寻常的行为，攻克一个又一个的“为什么”，从而摆脱所谓的常识的束缚，这也算是一种逆向思维。

在运用田野调查方法时，不仅要观察别人，最好也注意观察自己。我们无法一整天都跟在别人后面观察，但可以长时间观察自己。冷静观察自己的个人生活，慢慢地就会客观地看待自己，接着又可以转换到“生活者”的角色。最好试着把一整天的行动都记录下来，一开始可能写不出来什么，但慢慢就会关注更细微的细节，一天天地不断获取更多的信息。

深入公司内部之后，人总是倾向于从公司的角度看待问题，而忽略看待事情的本质，并且，总是依赖于别人提供的信息而不去亲身体会的话，判断能力会变差。因此，观察他人的同时也观察自己的习惯就尤为重要。我经常能从自我审视当中意外地发现公司的发展问题，这样就能从公司外部和内部两个方面来审视这家公司了，新的价值就在二者的交会中孕育而生。

选拔成员

可以说，团队成员的组成决定了项目的成败，因此，我选拔成员的时候尤其慎重。

要想让团队实现最佳配置，一开始不应该确定人数，有一个办法是，先由特定的核心成员制定项目的框架（关于“为什么要开发”“开发什么”等方向性问题）之后，再有针对性地找合适的人才。重新审视公司的理念和风气，深入探讨公司的发展历程，明确公司的核心精神，解读消费者等利益相关者的潜在需求，踏实地把这一系列行动落到实处，企业的发展方向就会变得清晰起来。厘清了“为什么”（Why），就能进一步考虑“做什么”（What），接着考虑着手“怎么做”（How），然后就可以根据“怎么做”安排各个位置上的人才迅速开展工作。如果企业内没有与之匹配的人才，也可以从外部引进。

在安排任务的时候，每名成员的具体任务必须确立下来，要实现效率最大化的配置，人员的能力范围之间就不应该交叉重叠。而且，只有明确任务之后，成员之间的交流才能活跃起来。每个人的想法都能得到尊重，工作的意义才能得以凸显，团队才能保持和谐一致。因此，确定人选之后，指派工作、分担责任这一步十分重要。

调整心态

厘清了公司的理念、历程、团队成员的个人目标和想法、消费者动向以及市场动向这些要素之后，就可以启动项目了。第一步是整理信息，这项工作最好能够在短时间内集中精力一鼓作气完成。这瞬间迸发出来的能量如果能把整个团队凝聚在一起的话，项目今后的进程推动起来也会相对容易。

为了让成员之间充分磨合、沟通，我一般都会换一个环境安排集训。我也经常参加集训，集训的关键在于，脱离平常的环境，让成员们集中向同一个主题靠拢。你是否也有过在旅行中变得更加开放，从而愿意尝试新挑战的经历？同样，换一个环境也更容易催生创意。总之，要想获得新发现，就要舍弃那些先入为主的、根深蒂固的观念，要调整心态，最好能人为地改变一下环境。这时就要挑那种能够畅所欲言的、氛围轻松的场所，让每个人都能充分发挥自己的想象力。

从转换心情的角度来说，当自己的创造力遭遇瓶颈的时候，人为地改变环境也不失为一种好办法。以前有一家杂志社采访过我这样一个问题：创造力遭遇瓶颈的时候应该怎么办？当时我的回答是：去健身房运动。创造力遭遇瓶颈的时候，大脑处于枯竭状态，需要新的输入补充，新的输入能消除人的钝感，打磨敏感度，帮助我们重新调整身心状态。此外，输入时可以采用一些外在手段，我认为最有效的激活自己的办法是体育锻炼。因此，我在当时的采访中还提到：比起自己苦练肌肉，不如加入俱乐部，进行强制的运动更加有效。这虽然看起来像是无用功，但在外部的强制力量驱动之下，其实会得到很多意外发现。在这个过程中，我们不时会感受到身体、大脑和自己的内心是贯通的，这也算是运动的又一个好处吧。

畅所欲言[1]

如今最迫切的是“汇集群众智慧”。虽然邮件等电子通信工具方便了沟通，但显然沟通变得越来越没有人情味。这也是导致公司组织僵化的一大原因。以前，公司同事之间偶然碰到的时候都会互相打个招呼，保持着这样的非正式沟通，但现在互相之间连话都不愿意说上几句。因此，若要推动项目进步、找到根本问题所在，很有必要多花一点时间，甚至有必要想办法强制进行交流。

为了拉近团队成员之间的距离，深化彼此之间的沟通，这时进行“头脑风暴”是大有裨益的。相比探讨主题和理念，这时更重要的目的是创造成员之间磨合的机会，因此这一阶段还不必急于深入具体内容。“头脑风暴”的基本原则是倾听对方、关注对方，要意识到这是开发新创意的根本途径。

“头脑风暴”的组织者要注意，在进行“头脑风暴”的过程中，即使有大量的内容有必要做记录，也不主张人人都埋头记录。因为思考和书写是无法同时进行的，书写的时候是无法集中精力思考的。而且很多人都没有意识到书写是一门技术活，将想法转换为语言后再做记录，其实很考验记录者的能力，遣词造句稍有不当，原意就有可能变味了。因此，我们在公司中进行“头脑风暴”的时候，我是不会动手记录的，而是充当引导者的角色。有必要做记录的时候，我就会让专门负责记录的人在大幅图纸上记录。之所以用大幅图纸，就是要让全体成员感觉被同一样东西维系着，不知不觉之中保持着整体一致。而且，大幅图纸不仅可以记录文字，还可以做图解。与会成员日后回顾纸上记录的内容时，还可以回想起要点间的因果关系。

很多人依赖大量便利贴来整理想法，但工具终究是辅助手段，一定要意识到

---

1 畅所欲言（ワイガヤ）：本田开创的集训沟通方法。参与者跨越头衔、年龄和性别，在轻松的气氛下严谨地针对本质问题展开热火朝天的讨论。

品质比数量重要。在畅所欲言的讨论当中，成员沉浸于讨论远比记录内容更为重要。因此，不必设定什么规则，只需把握时机和氛围传递想法，这种激烈的讨论方式对于探讨问题是十分有效的。畅所欲言更容易碰撞出新火花，新价值经常从这种讨论中萌芽。

关键词连锁矩阵

通过“头脑风暴”完成创意收集后，接下来就是构建系统、整理话语体系。首先从会议记录中提炼关键词，根据这些关键词展开新一轮“头脑风暴”，以确立关键词之间的关联性，这种方法称为“关键词连锁矩阵”。这个方法的优点在于它可以清楚地呈现事物之间的联系（这项工作也可以在激烈的“头脑风暴”推进过程中开展）。从中我们可以发现看似没有关联的关键词实则沿着一条轴线联系在一起，从前一个个的“点”现在连成了一条“线”。这样把各种事物和现象进行分解、整理，十分有利于我们客观地分析它们。

这个过程最好也用大幅图纸做记录，因为用便利贴一层层地贴上去的话，最终就看不到思考的全过程了，日后也无法再回顾会议的内容。一张纸是不能够完全概括“关键词连锁矩阵”的，也没有规定一定要汇总在一张纸上。对某一个新词进行深挖，最终一定能找出其内在含义。这个过程要持续地记录下来，直到找到满意的答案为止。

不断重复这个过程，最终一定能找到与项目匹配的最重要的那个关键词。这个关键词不仅要显示本项目的要领和目标，还要与公司的整体愿景相呼应。例如，在OSORO项目中，我们找到的关键词是“从厨房到餐桌”（图3-7）。我们是如何考虑的呢？首先在“头脑风暴”过程中，我们联想到了现代女性在日常生活中的潜在需求，比如“简化烹饪过程”“减少清洗碗碟的工夫”等；之后针对这些关键点反复探讨“为什么”；最终，得出了“从厨房到餐桌”的结论。之后就是将这个结论进一步具体化，探讨能为消费者提供怎样的价值，最终得出的结论是“为人们带来幸福感”，这与鸣海制陶的理念不谋而合。因此，根据“从厨房到餐桌”的关键词开发的产品，符合了公司理念提倡的“生产消费者真正需要的产品”这一点。如此一来，找到要为消费者提供的价值和公司利益的相通之处后，我们就可以更加明确项目的意义所在了。反过来说，如果没有发现其中的关联性，项目就没有意义可言。

形成方案

收集很多创意之后需要将其逐步总结为方案，我通常用的是最基础的“5W2H”（图5-7）方法，借用这种方法我也总能探索出更多可能性。这一过程的目标不是树立具体的产品理念，而是要探索更核心的内容——主题。因此，这时可以根据不同的关键词组合，制作出几套不同的方案来。此时还不着急归结一个答案，可以试着提出多种不同的设想。因为如果此时执着于某一个方案，之后就很难再转换方向了。衡量一下怎样才符合整体的大方向，想实现什么，应该实现什么，进一步设想该往什么方向推进。因此，唇枪舌剑才显得尤为必要，但要避免负面批判的行为，可以等全部初步方案都罗列完毕之后再做这项工作。

图5-7：5W2H

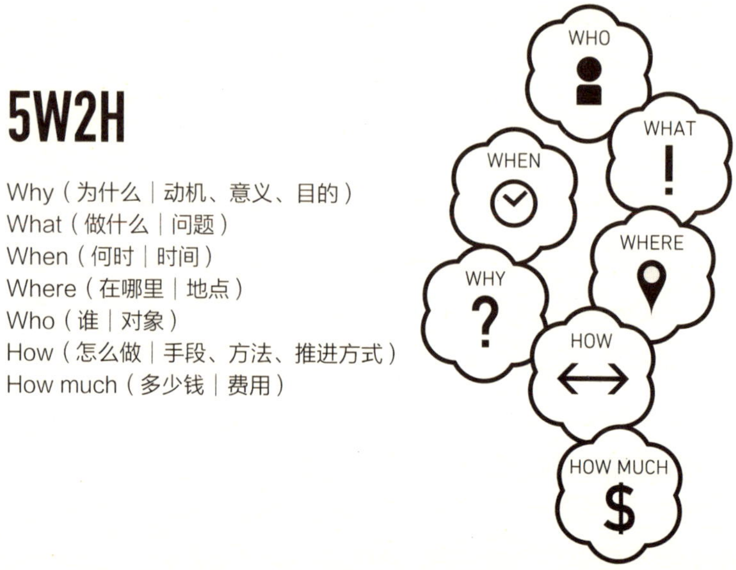

在考虑方案时，必须把“此项目对公司的重要性（Why）”放在首位，整理其他要素的时候也要不断地回头审视这一点。很多人考虑“为什么”的时候都是从消费者的“商品需求”出发，这种做法是错误的。如果只局限于“商品需求”的维度，企业将永远陷在规格竞争和价格竞争的泥潭中。正如前面提到过的，现代社会物质和信息泛滥，已经几乎不存在所谓的需求了，找到消费者自己都没有意识到的潜在需求才是明智之举，当今时代要求公司针对这样的潜在需求有所作为。进一步来说，如果在公司的旧框架中考虑“为什么”，思路拓展不开，是没办法找到新的着力点的。新事物必须服务于人和社会所带来的改变，所以切忌鼠目寸光，而是要放大到整个社会的视角，想想自己的公司能做些什么。

系统化思考

列举出种种设想之后，这时需要核实假设的对象在社会体系中成立的可能性。也就是，核实设想中的设计与各方利益相关者之间的利害关系。当利害关系一致时，这项事业成功的可能性更大，证明这是一个好的创意。这一阶段的目的是把创意发挥到极致，需要对它进行负面的审视，而不是对创意进行全面否定。

为了明确利害关系，我采用过“CVCA[1]”（客户价值连锁分析）方法（图5-8）。很多人一般只从会议的发言和讨论判断利害关系，但将利益相关者之间的关系图表化才能充分发挥人的想象力，讨论也会更有效。制作图表的时候尤其要注意：价值提供不是单向的。唯有确立共赢关系，一项事业才能持久永续发展。例如，鸣海制陶的OSORO不仅改善了消费者的生活质量，还对解决环境问题做出了社会贡献；此外，OSORO还为鸣海制陶赢得了大批新客户，提高了品牌辨识度。在这个产品生产出来未必就能卖出去的时代，为了了解到消费者是否得到了精神上的满足以及提供什么样的价值才是有效的，庆应义塾大学研究所系统设计

---

1 CVCA：由美国斯坦福大学已故的石井浩介教授提出，以“谁”和“什么价值”作为研究对象，从“价值链”的角度呈现利益相关者之间的关系。这一套分析工具的优势在于，它不仅研究产品和金钱的流向，还将服务、信息等潜在价值呈现出来。

管理（SDM）研究科开发的“WCA”（Wants Chain Analysis：需求连锁分析）为我们提供了一套有效的分析工具。

图5-8：CVCA

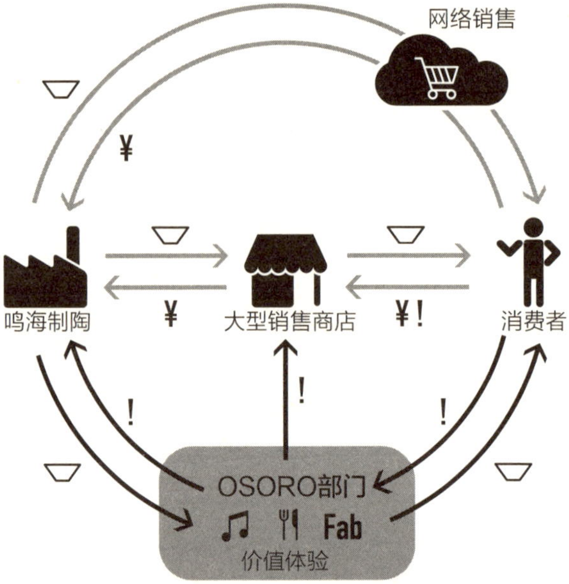

以前只是制造商单方面地向消费者提供产品，但制造商很难得到信息的反馈，明白这一点后，为了传递品牌价值，鸣海制陶确定有必要成立直接连接消费者的“OSORO部门”，通过这一连接点分享消费者对产品的体验。

故事（叙事）

开发一件产品或是创立一个品牌的时候，比起分析数据来阐述产品的重要性，更重要的是用情绪来感染顾客，让他们对产品的价值留下深刻印象。在物质丰富的商品化社会，人们要了解一样东西，只想知道它的来源和存在的逻辑，并且，这种存在逻辑不应从公司出发，呈现公司提供的新技术、新服务等，而是要建立和消费者、社会之间的联系。这时就需要有一个畅想公司和消费者共同成长的、从情绪上感染消费者的故事，因此有必要精心创作这样一个动人的故事来阐述这些内容。

人，生来就拥有想象的能力，听到一个故事的时候，自然就会对照起自己的经历和记忆来，从这种追溯中产生共鸣，表示认可，如此一来就会认同产品的价值。我自己也经常想怎么把故事用文字表达出来，用丰富的想象力来驾驭语言，触动读者的内心，使之感动，从而对我们的品牌产生期待和信赖。

而且，这个故事不必仅限于产品本身，整个开发过程的内容都可以涵盖其中。以鸣海制陶为例：

鸣海制陶此前一直主打“骨瓷高级餐具”产品系列，然而，时代变了，这个品牌与消费者的需求渐行渐远。

↓

之前积累的一切是鸣海制陶的财富，要充分利用这些财富开辟新的道路，但目前面临着一场自我改变的挑战。

↓

然而，这也是全世界范围内的餐具业所共同面临的挑战。

↓

突破成熟产业的挑战意义非凡。

↓

于是，鸣海制陶展开OSORO项目，迎接这项挑战。

把这样突破产业困境的挑战作为“品牌故事”讲述，一定能得到很多人的共鸣，但很多人都没有意识到创造过程中的价值。

把日语的“物语”（故事）翻译成英文时，分别有“故事”（story）和“叙事”（narrative）[1]两层意思。“叙事”很难对译为日语，但跟注重情节的“故事”相比，它更关注故事背景中零散的各个要素和相互之间因果关系的联结，即“叙事”手法更能从情绪层面把握“背景”和“逻辑”。

如今，品牌的成败不仅取决于理论和技术多么先进，还要引导消费者关注因

1 叙事（narrative）：在英文中大意为“故事、叙述、讲述”。

果关系，设法调动他们的感官，让他们亲身体会品牌的叙事结构。而且，现在的人们不再那么看重物质上的享受，他们追求的是在接触新事物的惊喜中的一种自我实现。推动社会进步的，不是光凭技术革新就可以了，而是要将技术和其他手段结合起来向人们提供一种“Wow！”的惊喜。顾客产生了“Wow！”的情绪之后，他们就会追随这个品牌，并从这种感官刺激中发现品牌的整体价值所在。

总之，不能为追求销售额而生硬地编故事，而是要从“能够为社会带来什么影响”的角度进行叙事。

样本试做

创作故事之后就要开始考虑“怎么做”（How），将理念落实到具体形态上，这时必须全面考虑设计管理的所有要素，综合把控全局。

在前期阶段，我建议一面展望全局，一面打磨细节进行样本试做。因为在通过样本提出假设并反复验证的过程中，我们可以深入探究核心价值和可能性，从而将开发不断向前推进。而且，样本的存在避免了让议论只停留在口头和书面上，而是让在场的成员调动感官，用最直观的感受做判断。

因为任何人都无法预见新事物的走向，所以应该营造一个鼓励尝试的环境。任何创意都不是从天而降的，只有每天不断地反复试验并通过感官真切地体会，不断积累经验，才能实现创新。在制造业中要获得这样的锻炼，样品试做是很有必要的。

脑海中的设想最好尽快付诸实践做出样本来。我经常遇到这种情况：两套备选方案中，从书面来看似乎A方案更好，但一旦做出实物样本，B方案却又更胜一筹。而且，对于不太擅长把设想准确地表达到图纸上的人来说，直接制作样本无疑是更好的选择。总而言之，养成“提出假设并反复验证”的习惯非常重要，要想有所创新，就不能害怕尝试和犯错。

接下来我想通过开发nasta晾衣夹的实例来阐述怎么把“为什么”“是什么”推向“怎么做”，相信你一定会对普通事物怎么经过反复试错、验证，从而实现创新的过程有进一步了解。

Nasta #001-Clip（晾衣夹）的样品试做案例

市面上大部分（7~8成）晾衣夹都是图4-5（传统晾衣夹）所示的形状和构造。因为它已经占领了市场的半壁江山，从设计层面来说是非常出色的，但它也不是完美的，到今天可能已经算不上好设计了（参照第四章）。于是，在当初为实现扩大nasta品牌影响力的目标的时候，我选择了这种常见的晾衣夹作为切入点。在此我将通过这个设计过程来讲述样品试做的作用。

样品试做要有把想法马上付诸行动做成模型的行动力，因此必须将想法中必需的要素反映到模型上才算完成。而且，由于做成模型之前只能让想法停留在脑海里，无法和别人分享，所以很有必要做成物理模型。接下来，我将以nasta晾衣夹为例进行说明。

①是为了向成员展示品牌理念绘制的主视图（图5-9）。虽然还说不清楚是晾衣夹还是晾衣竿，但是已经可以根据品牌理念把握它的整体形象（颜色和材料确定了下来）。

图5-9：晾衣夹的样品试做案例（①）

①

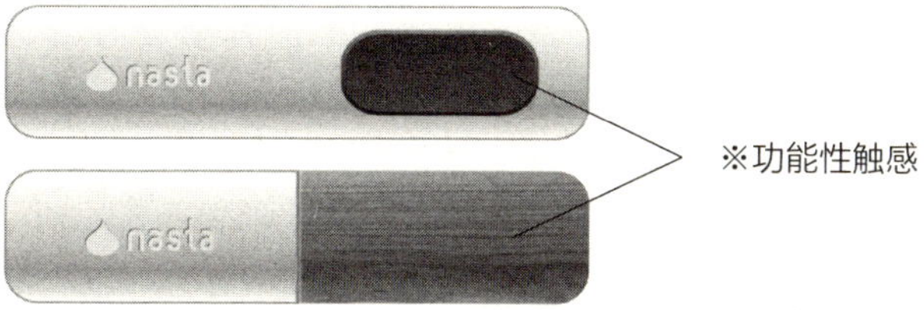

A. 树脂：橡胶部位（彩色）表面加工DS11
B. 树脂：白色（米白）表面加工DS01亚光
C. 金属：白色（米白）粉体涂装 光面
D. 木质：白橡木 抛光
E. 标志：0.2凹刻

②是根据①的描绘做出来的简单样品（图5-10），以此来检测：为了简化结构，改铰链装置为内置弹簧能否制成晾衣夹。只要从理论上验证这个构造有成立的可能性，就可以马上试做模型，不断重复这个过程才能逐步改善细节，做出理想中的产品形态。3D动画的模拟终究是纸上谈兵，得不出任何结果，因此，把想法转换为具体形态才是最有效的。俗话说："百思不如一试。"样品试做让每个人都有机会触碰到实物，这就是这个方法最大的好处，接触实物之后，就可以跳出语言的束缚，向在场的人们展示这款产品以及它背后的价值，这样能很好地鼓舞团队，激发大家的能量。因此，样品试做在推进计划时有着极大的优势。

图5-10：晾衣夹的样品试做案例（②、③）

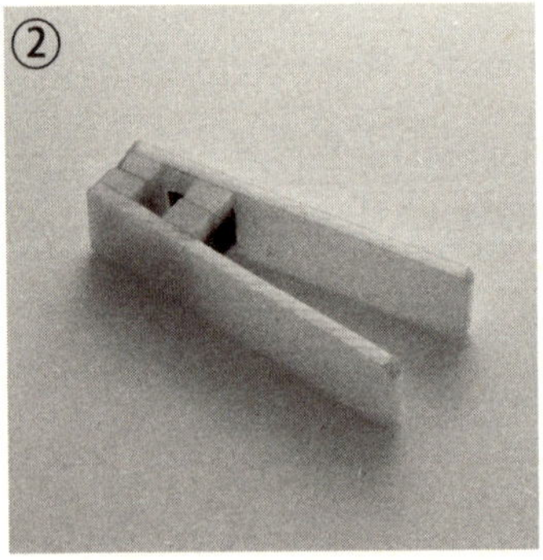

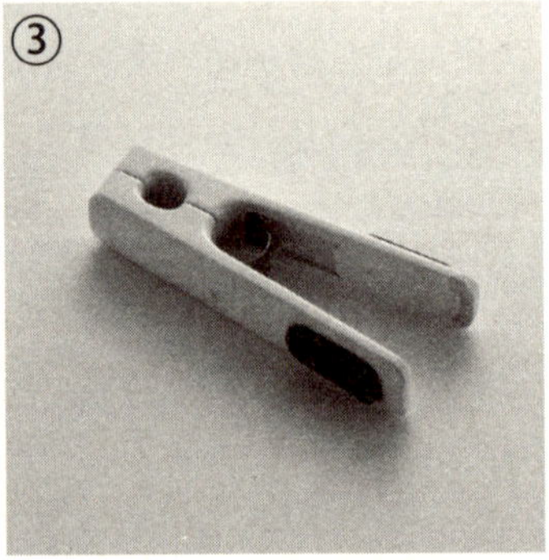

③是形状基本确定之后的模型（图5-10）。我们用光造型法打印出了模型，上色之后最终的产品模型就确定下来了。这次是要检测使用体验如何，虽然我们换上了理想的内置弹簧，但实际却出现了问题。虽然放在图纸上是合理的，但在实际应用的过程中，夹片的承受力显示不足，我们发现由于弹簧太薄，左右两边的夹片会发生松动的情况。于是，我们尝试在内侧加上一层内壁，但这需要两个金属零件，会超出预算的要求。

④是此时提出的紧急方案（图5-11）。该模型和③依照的是同一个设计图，改变的只有内置弹簧的形状。我们参考了办公用品的弹簧把原来的凸形改为凹形，增强了承受力的强度，这就消除了原来使用时带来的不便，但这个设计怎么

看都像是办公用品，变得不像nasta一贯的风格了。在召开协和nasta内部女性员工会议时，绝大多数人都倾向于选③。

图5-11：晾衣夹的样品试做案例（④、⑤）

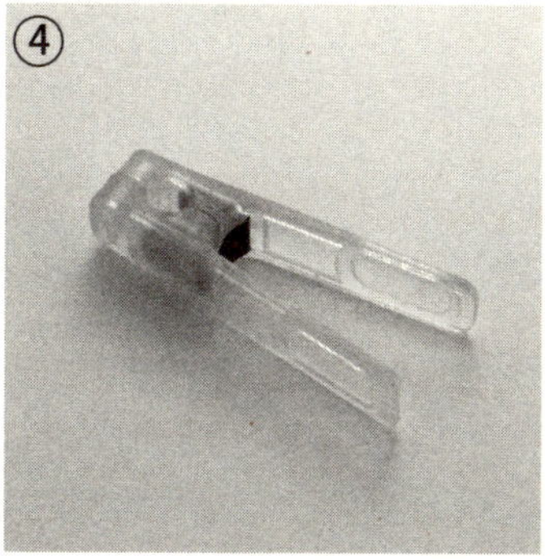

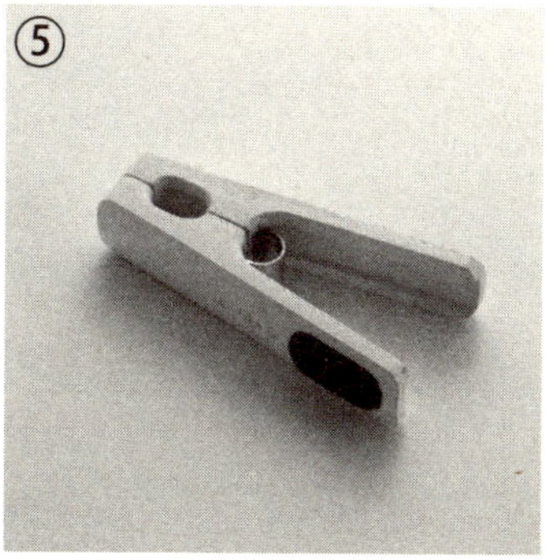

⑤是④的改进版，重新综合了全部要素做出来的样品（图5-11）。我们再次检测了使用时的手感，同时，为了稍微扩大左右夹片的角度，我们又换回了原来的凸形。此外，内置弹簧的厚度增加之后，夹片也不容易打滑了，夹片内侧增加的内壁也可以卸掉了。到这一步，虽然可以确定晾衣夹的性能没有问题了，但并不意味着它就可以直接成为一件商品了。因为为了保持夹片的张开度，这样的设计使得它的外观比例和传统的晾衣夹别无二致，没有什么创新或是美感可言。

⑥于是，我们再次回到最初的构想，在不影响结构功能的前提下在设计图（图5-12）上对各个部位的比例进行细致的修改，原来的模型我们用的是ABS硬树脂材料，但制作最后样品时，我们认为聚丙烯的特性更合适。同时，为了用一个金属零件支撑起来，我们采用了一个在夹片上拼接新型球形接头的结构。

⑦终于，产品质感、重量感、触感和悬挂的情形都达到理想中的完美状态（图5-12）。不过是小小的晾衣夹罢了，然而每一个都是经过悉心检验、重新设计的，终于为nasta品牌找到了突破口。

⑧我们还做出了nasta产品的专用包装盒，而不是采用一般规格的包装，我们加入一些娱乐元素，随后我们测试了这个形状摆放在店面货架上的效果（图

图5-12：晾衣夹的样品试做案例（⑥、⑦）

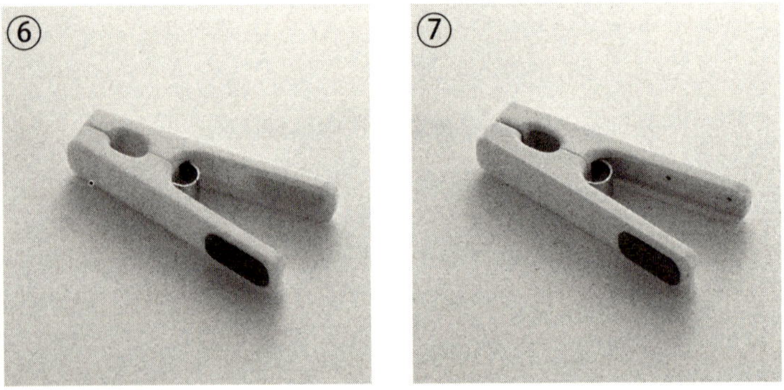

5-13）。一般晾衣夹的包装纸和塑料袋都有自身的特色，而nasta用的只是一张简单的椰木材质的环保纸，这是为了让用户在还没用上这款产品时就能够体会到它的上乘质量，同时也是出于对环保问题的考虑。包装一拆开，映入眼帘的是“here comes the sun”的字样，让消费者从打开包装的那一刻起就享受到非凡的品牌体验。此外，我们是根据产品的摆放方法来决定包装形状和绘图方向的。制作样品时我们考虑将其水平放置，而一旦立起放置，品牌标志就会颠倒。但是，其实垂

图5-13：晾衣夹包装的样品试做案例

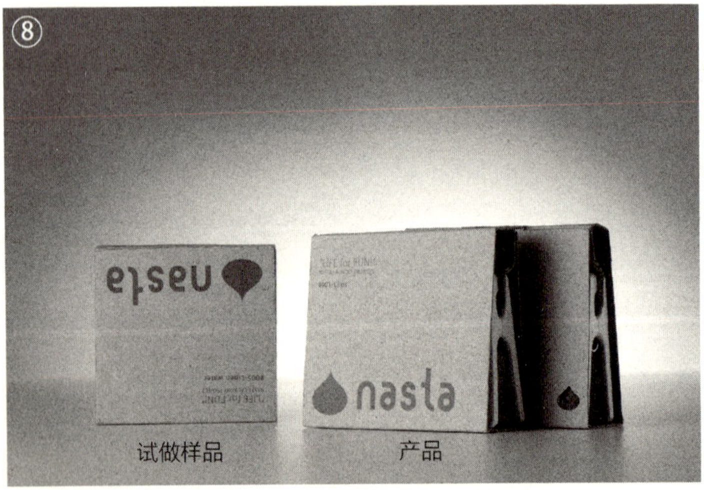

直摆放更能吸引消费者的目光，宣传效果也会更好，于是我们决定改变品牌标志的印刷方向。样品试做的过程，是站在消费者的立场来推动问题解决的过程，这种一往无前的精神让整个团队紧密团结在一起，这真是一项令人愉快又有意义的工作！

图像展示

展示非常重要，再优秀的创意或产品都要通过有效的展示把核心内容传递出去。很多人在企业内部会议上不能恰如其分地表达自己的想法，我想就是展示能力比较薄弱的原因吧。我对此感受很深，也和别人一起整理过用于公司内部重要发表的资料。

最常见的展示风格就是，PPT上大篇幅的文字堆砌，全部内容投影到屏幕上，宣讲人还原封不动地照读下来，这种情况是最糟糕的。从视觉上看，暂且不说大篇文字多么无趣，归根结底，这只不过是把同一个内容重复三遍罢了。展示的目标应该是完全，甚至是超出自己的预测程度地把自己的想法传达给听众，让他们产生共鸣，获得他们的支持。因此，制作展示资料时要把通俗易懂放在第一位。

制作通俗易懂的资料的基本要领是“图像为主，语言辅之”。投影仪可以展示出图像信息，想说什么也可以直接口头表达，所以PPT上完全可以只放图片，这样听众听起来才不会显得无趣，也能让他们集中精力听讲。铺满文字的PPT一下子就把要说的话显示出来了，不仅没有神秘感，还会让听众一开始就把注意力放在了阅读上，从而无法关注更重要的本质问题。这会导致人们往往不针对展示的内容本身，而是就展示中的数据和文字提出质疑。而用图像展示的话，即使不多加说明，人们也很自然地能从图片中获取大量信息，激发出个人的想象力，从而把注意力集中到眼前的展示对象上。此时，展示者再辅以口头解说，听众就开始认真思考而做出自己的判断。

以上内容对平常的例会也是适用的。当想要向团队成员传达自己想做什么的时候，比起口头空谈，不如举例说明来得更直接有效。事先准备好相关的图片，不仅自己说起来容易，听的人也更容易理解，从而引起听者的共鸣。选图虽然主要依靠的是个人的直觉，但最好还是尽量贴近头脑中的想法，这种细致的工作也可以磨炼个人的感受力。在工作中最好有意识地把自己的发言当成一种展示，鸣海制陶和协和nasta的员工之所以开始在意自己的外表，就是因为他们树立起了时刻向别人展示的意识。这种紧张感让交流变得更有深度，也更容易实现自己想达到的愿望。

信息图像化

要让沟通超出语言范畴，运用信息图像化方法非常有效。信息图像化，就是用图像展示信息，运用图像和符号等来让人们对信息有直观的把握。第三章已经提到过，OSORO项目在制作《理念手册》的时候就广泛应用了信息图像化方法。因为在向外传达OSORO系列产品的价值时，如果拘泥于语言形式，结果就会长篇累牍，给读者造成负担。于是，有人提出：不如试试用图片表达这种感觉吧！但效果并不乐观，因为这样会导致部分信息缺失，不能把信息准确、完整地传达出去。因此，想要尽可能地将OSORO产品所涵盖的复杂的、多层次的价值传达出去，信息图像化无疑是最客观、具有说服力的表达方法，于是我们开始着手设计。《理念手册》采用日英双语对照、辅以大量图片的形式，使得它能为全世界多个国家不同语言的人们所接受，OSORO荣获德国、意大利、中国、美国、日本等多个国家和地区的设计大奖，最重要的原因就在于我们对视觉传达的重视。很多宣传手册都是要通过文字来实现沟通的，但在当前这个多元社会中，只依赖一种语言是行不通的。而信息图像化作为世界共通的一门语言，能够相当直截了当地传达信息。

用户反馈

很多人都有向世人呈现“完美产品”的使命感，似乎以为将一切都准备好才是“待客之道”。但是，正如“人无完人”，所谓完美的产品也不可能存在，因此，最好不要抱有这种想法。当然，这不意味着要向目标缴械投降，而是从现实的角度来说，目标可以设立得很远大，但开发产品的过程却要是阶段性的、持续性的。人类在进化过程中已经充分证明了，虽然今天做到了最好，到了明天还有可能出现更好的新物种。这是产品生命周期的宿命，我们无力扭转。

在这个物质丰富的时代，有时候选择一种所谓完美的产品，日后反倒有可能成为一种束缚。一旦对完美的产品有异样之感，对它的满意度也将持续下降，因为完美产品不能适应变化。就像包袱皮可以裹住任何形状的物品，只要具备了最原始的构成要素，就拥有了各种各样的可能性，产品成长曲线就有机会得到延续。

智能手机也是同理，新买的手机一般只安装了通信录等几款基础应用，用户可以凭个人喜好添加应用，手机才能实现个性化。因此，今天的制造业推出“半成品”反而更有前途，先向市场投入“半成品”，之后根据用户的反馈探讨下一步的开发。如果一开始就以开发出“完美产品”为目标，产品开发出来就算是完成任务了，也就没必要重视反馈、考虑接下来如何进一步改善了。反过来，如果一开始的目标是开发“半成品”，开发者就已经做好推出产品后仍需持续改良的准备了。而且，在当下这个多元的现代社会，开发“完美产品”就是天方夜谭。因此，如同敏捷式软件开发[1]一样，硬件世界也需要把升级改造列入开发的必要流程。通过反复的发布、反馈，可以不断打磨产品的关键要素，从而树立起产品和品牌的成长战略，与消费者共同成长，成长为值得消费者信赖的品牌，从而持续稳固品牌的地位。

持续积累经验

我认为，开发“半成品”也十分有利于“品牌故事”的创作。因为参与产品开发的广大消费者的心路历程可以被记录下来，让他们和开发者并肩同行，共同经历感动、惊喜。很多人参与同一产品开发的过程对于品牌构筑也具有重大的意义，而消费者的参与让他们更贴近产品的本质。也就是说，发布半成品为消费者

1 敏捷式软件开发：是一种高频迭代（iteration）并将风险降至最低的软件开发方法。——作者注

留下了参与的余地。为此，我们也需要事先对种种可能性进行预测，并把它们都列出来。因为从某种意义上来说，这并不是在纯粹地出售半成品。

大多数管理者都太过急于求成，但事物不总是直线上升的，如同鳗鱼汁一样，酝酿的时间越久越成熟，味道越醇厚。发售产品不出半年，管理者就会追究："为什么还没出结果？"而且没有认真验证产品就开始考虑下一步的策略。如果从以长远眼光和创新性计划为基础的设计管理角度来看，这种做法毫无意义。

领导非暴力不合作运动、带领印度脱离英国统治而实现独立的圣雄甘地曾经有这样一句话："善，总是以蜗牛的速度前行。"

这是甘地在完成著名的"食盐长征"之后，被投入牢狱时说的，以表明他的强大决心。不畏逆境，下定决心跨越过去，在进退之间最终实现目标。我认为以蜗牛一般的速度前行才会开拓出新的境地。要让大多数人接受好的或新的思维是需要一定时间的。这么想来，每天都脚踏实地地实践，不断积累起大大小小的经验，总有一天会做出非凡成就的。在日常工作中要不断开发创意，注重实践，持续反馈，为实现高层次的目标，在一系列的工作当中坚持不懈，这一点很重要。如果能体会到这个过程的乐趣，人自然就能享受到工作的乐趣并发现意义所在。

设计是一项解决社会问题的创造性活动。设计绝非一件易事，它需要扎扎实实并不断地推动事物向前发展。因此，在设计中，融合人与社会的逻辑力和感受力，以及不言放弃的热爱力是至关重要、不可或缺的，这是一切行动的动力所在，也是让整个设计过程一脉相承的关键。

践行这些理论的工作就是——"设计管理"。

管理角度解读设计3

逻辑力

旧式逻辑力结构分解思考

在解说逻辑力之前，想先说一下我个人（桥口）的经历。2003年，我在美国的达特茅斯大学塔克商学院取得了工商管理硕士（MBA）学位。塔克商学院是世界上现存最古老的商学院，它有着110多年的教育经验，是MBA教育的原型。暂且不论其好坏，长期以来，商学院都像一所士官学校一样，向美国资本主义发展的重要推动者——以投资银行和对冲基金为代表的金融业、战略咨询业输送了大量人才。通过一到两年的短期特训，教授学生管理相关的知识和技巧。作为教育机构，商学院可谓贡献斐然。

但是，20世纪后半期以来，各界陆续出现了一些对商学院的质疑，其中，以麦吉尔大学（McGill University）的亨利·明茨伯格（Henry Mintzberg）和在领导力研究方面很有名的华伦·班尼斯（Waeern Bennis）两位教授的尖锐批判最具代表性，商学院内部也开始对商学院传统的“结构分解、重视逻辑、创造竞争”的教学安排进行反思（现在盛行的MBA批判也大多是对这种传统教育方法的批判）。

从商学院毕业后，我进入埃森哲（Accenture），从事战略咨询工作。将理论整理为金字塔形，不遗漏、不重叠地进行分类的MECE（Mutually Exclusive，Collectively Exhaustive）[1]概念就诞生于战略咨询行业。同时，战略咨询行业也是应用结构分解思考的典型场所。如果不用MECE方法，我们根本无法分析处理事物，新来的咨询顾问也马上变得像呼吸空气一样无意识地进行逻辑思考。实际上，无论是商学院还是咨询业界，都在灌输大量的思维框架。

另外，人们所说的“逻辑”，在很多情况下指的就是结构分解型逻辑思考，它的

1 由麦肯锡公司第一位女性顾问芭芭拉·明托（Barbara Minto）开发设计。

定义实际上非常狭隘。在商学院和咨询业界，大家每天重复的都是这种狭义上的逻辑思考，最终，我也成了一个无意识地进行逻辑思考的顾问。后来，我意识到必须摒弃这一习惯，但想要摒弃已经成为“无意识”的习惯又谈何容易。

从埃森哲辞职后，我自己经营了一家咨询事务所，同时担任私募基金[1]顾问。那时，我发现客户鸣海制陶遇到了某种方法论上的困境，就像面前有一堵高墙一样。这种困境用我所学过的逻辑、结构分解、定量化、思维框架等都无法突破，除非采用新的逻辑方法。

思维框架陷阱

在设计某个项目中的理念时，总会有人问：“有没有与设计理念相应的好的思维框架可用呢？”思维框架确实有效，套用前人不断总结出的方法论，在有些情况下会极大地提高效率。在开发新创意的过程中，也有不少可以加以利用的有效的“发散”和“收口”的思考工具[2]。但是我们也应该注意到，思维框架存在一个巨大的陷阱——如果只根据外来的思维框架处理问题就会陷入同质化。

思维框架就像围棋和五子棋中的棋谱，两个掌握了棋谱的棋手在对战时可能会摆出相同的阵形。也就是说，两家用相同的思维框架竞争的企业，就像两个掌握了棋谱的棋手，很可能生产出同质化的产品（图5-14）。因为天性使然，当我们在竞争中看到不如对手的地方，或者自己的缺陷时，总想弥补或强化。

没有绝对的答案，也不能随意套用答案。只有全力去做，才能把自己的理念传达给用户。任何人都不是依靠思维框架生产出新奇又高效的产品的。

以前，知识的传播要花很多时间和成本，因此，是否了解知识框架的确会造成信息的不对称。在20世纪90年代前半期，这种信息的不对称是导致企业发展水平差异的主要原因，从这一点来看，向战略咨询顾问支付大笔费用是合理的。但在今天，只要进行网络搜索，就什么都能了解的新时代，新推出的思维框架瞬间就可以大范围传播。所以，在考量某种思维框架时，应该以所有同业都已经掌握了这一方法为前提。

---

1 为企业发展提供资金支持的投资基金。

2 详情参考《透过系统与设计思考改变世界 庆应大学SDM“创造改革的方法”》前野隆司编著，日经BP社出版。

图5-14

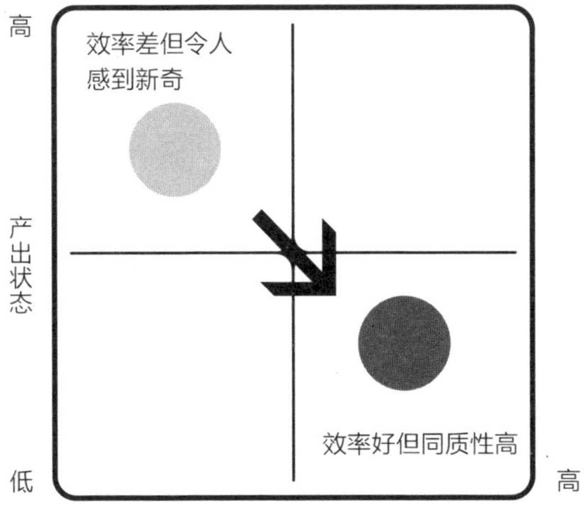

从更高层的视角出发，进行更加深入的思考和超认知，这一点非常重要。与使用思维框架的自己进行比较，而不可盲信框架。要时常存疑，用自己的大脑去思考，进行全面、彻底的剖析。

这种变化极大地提高了效率，因为踩着前人的肩膀前进是最有效的方法，但与此同时，同业间的差异也变小了。以前效率不高却能出奇制胜，现在效率极高，却充斥着同质化产品，主要就是因为信息不对称的现象已经消失了。

在设计管理中，逻辑力极为重要，但这里所说的逻辑力并不是结构分解型的MECE（把结构分解为金字塔形）这种狭义老旧的逻辑力，而是一种系统性地统筹全局、传达事物内容的根本力量。

感受力

体验的价值

这里所说的感受力，指的是能够对用户的故事（叙事）产生共鸣，或者能够从用户体验的角度进行设计的感受能力，和英语中的“sense of empathy”（感同身受）概念相似。

美国国家训练实验室（National Training Laboratories）曾经发表过“学习金字塔”的概念，并且根据不同学习方法的平均学习成效百分比制作了一张图表（图5-15）。

图5-15

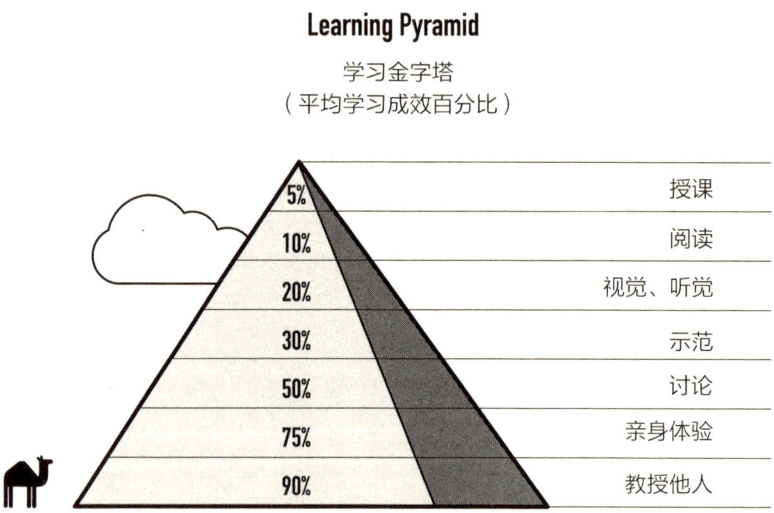

参考：学习金字塔/美国国家训练实验室

从这张图表中可以看出，课堂听讲这种单向学习的成效百分比只有5%，自行阅读达到10%，通过听觉和视觉学习达到20%，经由示范或演示达到30%，小组讨论可达到50%，实操演练也就是加上个人体验可达到75%，而教授他人的行为可使学习成效高达90%。

的确，这个金字塔可能过度简化了学习成效，实际上，由于人与人之间的差异，结果可能存在很大的不同，但是，读者如果参照一下个人体验的话，应该也会大致认同这种学习的趋势。

需要重点关注的是，“小组讨论”“实操演练”“教授他人”这三种主动的学习方法，效率远远优于其他方法。反过来说，如果企业通过广告等进行单向的宣传，受众脑海中估计不会留下什么印象。

因此，对用户体验生产及服务的环节的设计，才是决定性的关键。包装设计、卖场设计、连接点设计、活动设计、电子商务网站设计、售后服务设计等，全都是用户可以体验的设计点。通过这些环节，用户体验的结果将深深地留在脑海中，效果超过那种教科书式的信息和电视上的视听广告。被敷衍对待的用户不会再想购买，如果在有信誉的电子商务网上订购的商品品质不好，用户也会对落差感到不满、愤怒。

用户体验的环节很多，关键要保持设计的一致性，为用户提供始终如一的体验（consistent experience）。

在设计管理中，必须知道用户体验是极其重要的，因此，我们必须亲自、彻底地体验自己的产品和服务。生产出样品后，必须亲自试用，并且站在消费者的立场上，切实体验他们的感受，只有这样，才能发现用户体验环节中尚需改善的地方。整天待在办公室里，不可能对用户体验感同身受。

如果在多个体验环节中，没有为用户提供始终一致的体验，会从根本上毁损用户对品牌的信赖。体验的作用在设计管理中极为重要。

故事与共鸣

设计产品和服务的理念，并把它们传达给用户，其关键因素是通过产品或服务传达故事。这一产品如何改变用户的生活，让生活变得更美好？这项服务对解决社会问题有何贡献？制作这件产品的人是如何思考完成这一任务的？为什么非要这样做？要把诸如此类的信息传达给用户。当潜在用户对故事产生共鸣时，就会迈出成为实际使用者的第一步。因此，创造产品和服务的人必须对潜在用户的烦恼和需求感同身受，不然什么都无法传达。

西方医学是经过长期科学分析研究而形成的科学领域，但仅用科学方法并不能够改善患者的苦痛。近年来又出现了各种不同以往的方法，如十多年前哥伦比亚大学医学部开设的“故事医学”课程，是所有医学部二年级的必修科目。医学部学生在这堂课上要聆听患者的人生故事，提高感受力。医学部的学生年级不断增长、医学知识不断丰富，但对他人感同身受的能力却下降了，这一调查结果引发了院方的危机感，于是，哥伦比亚大学医学部开始强化这种活动。

连最讲究科学分析的西医都开始重视倾听患者的故事等引发共鸣，同样，用故事引发共鸣在商业领域也非常重要。

在此，我们按照大脑思考的类型，把重视数字的结构分解方法命名为“左脑型思维方法”，把重视故事与共鸣的方法命名为“右脑型思维方法”。左脑型思维方法包含标准评估和思维框架等传统的MBA思考工具，也包含了生产性和异化之类的关键词（图5-16）。

图5-16

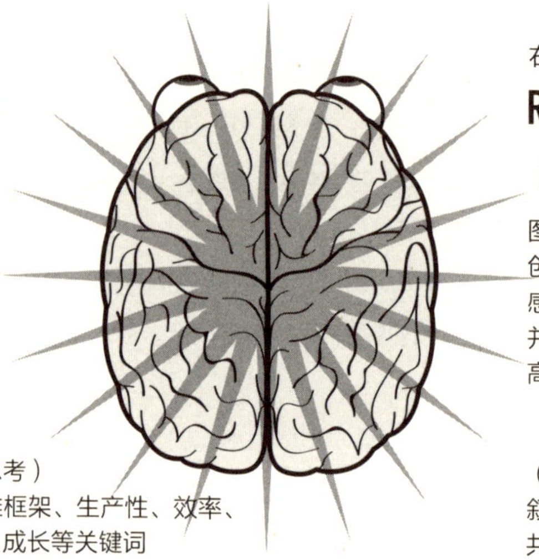

我们有时候会听到人们说：“今后不要再用左脑型思维方法了，用右脑型的设计思考吧！”但是事情并没有那么简单。某种方法行至困境，便将它全盘否定，完全采用另一种方法，这不过是逃避问题，而且会让问题更糟糕。龟井胜一郎说过“切割是灵魂的弱点”，当我们听到有人高喊“以后是○○的时代”，一般都不可信。

无论是左脑型还是右脑型，思考都很重要，过去轻视了故事、共鸣等右脑思维方法，现在只需重新认识其重要性即可。鸣海制陶在开发过程中向来重视规格（耐热温度差和强度等）、数字，在新产品开发过程中也常用结构分解法，但是，他们同时也很重视右脑的故事、共鸣等思维方法。

举例来说，鸣海制陶有一个名为“MIRANO”的骨瓷产品，它有40年的销售历史。有着40年历史的一套餐具可能是母亲二十几岁出嫁时的嫁妆，女儿从小使用，长大结婚时将这套充满记忆的餐具带去了新家庭，继续使用，这套餐具便成为母女三代的故事。实际上，鸣海制陶收到过很多顾客的请求：“母亲身后留给我一套茶具，其中几件已经破损，可以修复吗？”“这套餐具对我来说充满回忆，可以帮我修复褪色的金边吗？”这样的故事让员工想到，自己不仅是在生产餐具，而且在为顾客提供回忆和美好时光。另外，社会上充斥着百元商店的廉价劣质的餐具和微波加热的塑料餐具，不禁让人想到，使用这样的餐具生活会丰富吗？能够保留充满回忆的美好时光吗？显然百元商店的餐具和塑料餐具不可能传承三代。

“如果有品质好、省时又方便的餐具的话，我们也想用，但是没有，没办法，我们只能退而求其次。”鸣海制陶感受到了用户的想法和不满，出现新的想法——生产像“MIRANO”那样可以使用几十年的高品质日用餐具！

如果对用户的想法共鸣微弱，可能仍感受不到其中的故事，顶多能在多个选项中选择比较容易做成的一个。而如果共鸣强烈，在众多相似的困难选择中，员工可能会选择更具挑战性的一个。

热爱力

团队成员的多样性

组织、团队的设计中最需要重视的就是成员的多样性。让拥有不同背景、不同观点、不同志向的优秀人才聚在一起极其重要。但现实中，很多企业的项目组都是由同质化的成员组成。大家往往过于关注人才的优秀与否，而忽视了不同背景与不同观点的重要性。

自然界中物种的存活取决于基因是否变异，而且没有人知道什么样的基因和怎样的基因组合存活下来的可能性更大，只能在不断变化的环境中不断进行基因变异以维持多样性。其中，14世纪，黑死病蔓延，使全世界陷入黑暗绝望的状态，但仍然有人活了下来。如果大家都携带同样的基因，可能所有人都会死于黑死病，人类在那个时候就走向灭绝了。

正如第二次世界大战美军名将巴顿将军所说：“如果大家想的都一样，就不会有人思考了。”当团队中有几个人想法相同时，必须重新调整成员的构成，剔除想法同质的成员，纳入想法不同的新人。

多样性中最应该予以重视的就是性别。

图5-17是日本女性在家庭中拥有消费决定权的人口百分比。80%的女性拥有食物和旅行的决定权，70%的女性拥有医药品决定权，一半以上的女性拥有汽车、保险等商品和服务的决定权。

图5-17：女性在家庭中拥有消费决定权的百分比

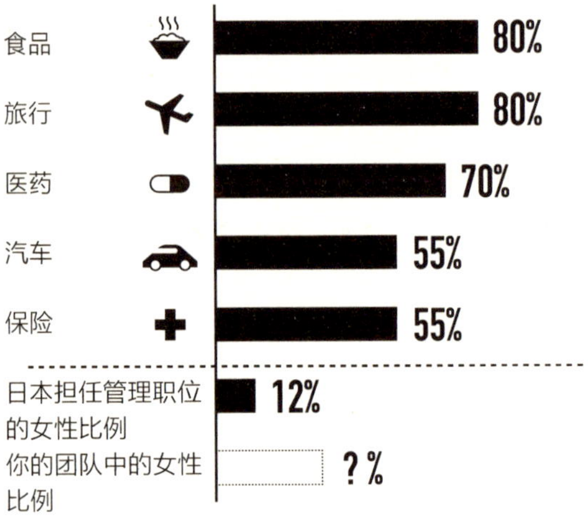

资料来源：*FAST COMPANY*杂志，2011年11月刊，政策研究研修机构（JILPT）。

但是，在很多提供商品、服务的日本企业里，重要项目团队仅由男性构成，即便有女性，也顶多只有一两位。

对此，他们的解释是"团队成员里虽然没有女性，但十分重视针对女性顾客的调查"，言外之意就是没有女性员工也没问题。当然有问题！通过采访倾听女性顾客的声音固然重要，但这和内部的女性成员站在女性立场上直接发言完全不同。也经常能听到这样的回答："没有能成为项目组成员的女性员工（没有办法只能这样）。"但这个解释根本站不住脚，只能让人认为，拥有优秀女性员工的企业已经习惯性忽视，或者无意地忽视其存在。

一百年后的人类听到这样的解释会感到匪夷所思。正如现在的我们，听到一百年前德国人类学者所说的"女性缺乏脑力劳动能力"（所以女性无法从事脑力劳动工作）的观点。

性别是多样性中最重要的因素，但除此之外还应从更多角度考虑，譬如工作背景、年龄、种族、首次任职企业（尤其是合并企业）、性格等。只有对同一件事有不同想法的一群人，才能组成一个和谐的团队。如果对同一件事有相同看法的多于一人，只需留下其中一人即可。

如果你有决定团队成员的权力，必须努力确保团队的多样性，如果发现团队中有同质化人才，应该迅速替换。同质化带来的时间浪费可能让你的项目组面临大船驶入危险海域般的危机。

即使你是没有团队成员决定权的普通成员也不必悲叹，只要努力从外部寻找类似的成员或协助者即可，他们可以是在年龄、性别、经验等方面具有多样性的人，可以是能够弥补项目组内缺少的视角的人，还可以是与组织内的保守派相去甚远的人。多和他们聊聊他们的愿景、创意和烦恼，多听取他们的意见，这样就可以听到同质化团队中听不到的意见。

我经常作为外部咨询顾问参与企业的计划，并自觉担任着从不同角度提出看法的角色。在项目初期阶段，我们经常惊奇地发现想法如此不同，就像每天碰面，虽然呼吸着同样的空气，但相互之间的距离逐渐拉近，这并不是件坏事，而是辩证法中所谓“对立物的相互浸透”，只有通过这一过程，才能使意见升华为与以往不同的状态。

不同的想法最终也会走向同质化。所有的设计过程都是如此，同样，即使一开始确保了团队成员的多样性，也难保永远都不会出问题。因此，我们必须时常整顿团队，确保视角的多样性。拥有多样性的团队才是创新的摇篮，这是设计组织、团队时非常重要的一点。

跨领域团队建设

多数企业开发新产品和创立新事业的过程只在企业内部完成，虽然部门名字不同，但职能相差无几，如策划部、设计部、技术开发部、样品制作部等，即便有时候会把设计等工作的一部分委托给外部，也很少有企业从始至终都和外部人员保持联系。

在改革研究领域，庆应大学的系统设计管理（SDM）研究学科很出名，我们作为教员参与其中。该研究学科曾经提出一个孕育改革的重要因素，即“interdisciplinary”（跨领域；这个词没有相应的日语表示，所以直接挪用英语）。

一群不同专业（discipline）的人才齐聚一堂，属于多领域（multidisciplinary）协同的状态，但创新改革的诞生还需要具有共同的理念、共同的语言，如此才能齐心合作。相同专业的人聚在一起则很难改革，而且，不同专业的人如果仅仅是聚在一起，理念和语言都不相通，顶多是多领域状态，同样很难改革。

该研究学科的特聘助理教授石桥金德与特聘讲师富田欣和用图（图5-18）展示这一概念。

图5-18：跨领域的团队建设

在鸣海制陶开发OSORO的过程中，我们在初期阶段就从外部引入了与项目相关的多种观点，并聘请了MTDO inc.的田子学和田子裕子两位负责人担任创意总监。他们除了亲自设计理念外，还为企业招募了管理顾问、文案撰写、影片制作、平面设计、社群媒体营销活动等不同专业背景的人才。当然，大家刚开始聚在一起只是个多领域团队，但逐渐有了共同的计划目标与理念后，就进入了跨领域协作状态。

这个演变过程需要时间。英语中的"cookie cutter solution"意指直接套用某种成型的解决方案，但很遗憾的是，在绝大多数情况下，简单地套用并不能解决问题。即便是历时三年的OSORO计划，我们也是不断克服困难、不断交流意见，才形成了共同的理念和语言，就像层层剥洋葱一样，耗费了大量时间与精力才达到跨领域协作状态。从这个例子来看，我们必须注意解决问题的速度，管理者有时会耐不住性子说："不管怎样，三个月内给我研发出新产品！"这种乍看不合情理的目标可能会见效，有时候也会带来不错的结果，但大多数情况下，只会催生没有特色的产品，这和团队没有经历足够的成熟期、没能达到跨领域协作状态有着密切的关系。

包括业绩不好的企业在内，大多数日本企业都拥有出色的能力，他们长期经营，在自己的领域里累积了丰富的技术、经验、想法和知识，但是拥有这种能力和企业内部能否正确认识这种能力完全是两码事，而且，如果不知道怎么发挥这种能力的价值，两者间的落差就会越来越大。为了激发企业成员的能力，需要外部专家的协同支持。与拥有不同观点、常识、时间轴、背景的人互动和企业内部高度同质化互动，两者有着完全不同的碰撞频率和交流深度。

我还清楚地记得田子学和田子裕子刚加入我负责的项目时的情形。在第一次会议上，我感觉他们两位的发言有一种强烈的异样感，当时想的全是"居然可以从这个角度看问题""我从来没有从这个视角考虑过"。在同质化的团队里，无论讨论多少年都得不出的结论，在异质思想的碰撞中却可以轻易获得，这种人与人的互动对团队的改变也可算作设计的一部分。

平等的成员关系

从外部引进设计师等专家时，双方都要认识到他们与企业内成员之间的"平等的伙伴"关系。相互信赖、平等的关系才能引导计划走向成功。

根据我的经验，导致项目失败的典型错误就是"三种关系""两种暧昧"。三种关系是指"向上关系""向下关系"和"成本关系"；"两种暧昧"是指"任务暧昧"和"金钱暧昧"（图5-19）。

图5-19：不平等的伙伴关系

三种关系	向上关系	本来没有必要，却一定要把外部成员视为"老师"
	向下关系	将外部人员轻视为"外包工"
	成本关系	以成本最优为基准选择外部成员
两种暧昧	任务暧昧	最初未明确双方任务、责任、角色、权限等内容
	金钱暧昧	最初未明确其经济性报酬

向上关系

我们有时会遇到这样的案例，从外部引进设计师时，员工们称设计师为“老师”，而且这位设计师越有名气、越有经验，大家的态度越是如此。称呼无所谓，关键是请求指导的低姿态绝对不利于项目的顺利进行。这种低姿态表面上是对对方的尊重，实际上是对对方的不礼貌、不诚实。因为你舍弃了自己的思考，而把主动权完全交给对方。

正如日本传统的“守、破、离”的过程一样，在修行时，我们有必要抱着向老师虚心学习的态度（“守”），但是，不论我们面对的设计师成绩多么优秀、经验多么丰富，都要适时地提出有建设性的反面建议（“破”），在平等的立场和对方辩论（“离”），这也是团队成员的责任与义务。

如果一直是单向的索取意见而非双向的交流，到头来，设计师的创意和想法都会减弱。不论什么都说“好”“明白了”，只会逐渐消磨大家的动力。尊敬专家和尊敬师长是完全不同的，因此我常常自问：我和外部来的设计师是平等的关系吗？

向下关系

和向上关系恰好相反，我也见过很多把外部设计师视为“外包工”的案例，“我给你钱，你乖乖地按指示工作”，这种态度在对待年轻设计师时尤其常见。互动关系就像一面镜子，以高姿态对待专家的经营者、管理者、企业，最终也会慢慢变成他们眼中的对方的样子。在这样的关系中，既得不到新的想法、创意，也不会促使企业内的成员成长。结果，他们得出“外部设计师也就这样啊”“外包工也很一般啊”这样错误的结论，继而越发过分地把外部专家当“外包工”对待。如果陷入这种循环，企业很难跳脱出来。企业应该认识到，出钱并没有多了不起，外部设计师无论多大年龄，都应平等对待。

成本关系

第三种关系是“成本关系”，对企业来说，成本一定是极为重要的因素，但是，在邀请外部设计师组建团队时，像采购其他原材料那样比价钱就大错特错了。比起100万日元的设计师，20万日元的设计师更便宜，只是因为这种理由就选择20万日元的设计师，这种决定比把钱扔进臭水沟更为差劲。前者损失的只是金钱，而后者，会因为选择错误的合作伙伴而给企业带来更大的损失。

和设计师组建伙伴关系时，不能只盯着肉眼可见的成本，应该考虑到难以看到的、更长远的因素，比如通过直接对话传达出的热情、关系中的契合程度、自己内心的直观感受等。

任务暧昧

如果委托给设计师任务时不明确具体内容，将会直接影响项目进展程度。在初期阶段，如果是“详细信息还在整理，但应该没问题吧”这种态度，展开工作后，分歧只会越来越大。任务内容是什么，想要达到什么效果，设计师有哪些作用、位置、责任、权限等，在初期阶段都要尽量明确，达成共识。

另外，“因为是熟悉的客户介绍的”“因为他很有名”“因为他看起来很好”等，如果因为这种经不起推敲的理由和设计师签约，必然会给相关的成员带来糟糕的结果，比如现场混乱、内部员工士气低下、设计师的劳动力浪费、本可为社会创造价值的宝贵时间都白白流失等。一开始就明确任务确实很难，但至少要意识到应该尽可能地在初期就共同努力，尽早明确。如果放任不管，任务的持续暧昧只会让项目难以进展。

金钱暧昧

最后是金钱暧昧。如果金钱方面从一开始就含混不清的话，日后可能会带来麻烦。必须避免模棱两可的、容易给对方造成误解的语言，尽快达成一致，启动项目。

“一起实现双赢”“让我们制订对双方都有好处的计划吧”“目前的报酬比较少，但从长远看，您一定能拿到稳定的报酬”“一定给您应得的报酬”等语言极为危险。“双赢”“互利”究竟是什么？什么程度算是“稳定”“应得”，对这些语言的理解，每个人都是不同的。

特别是日本人，不善于正面谈论钱的事，但金钱方面需要绝对明确。如果有成果报酬的话，尽量在初期阶段就与合作对象谈好分成，然后再签约，这才是有诚意的态度。

“向上关系”“向下关系”“成本关系”这三种关系和“任务暧昧”“金钱暧昧”两种暧昧，是我从过去的成功案例和失败案例中总结出来的组织、团队设计方面的重要经验。

设计管理永无止境

设计管理永远没有终点，也没有可以放手之时。一旦成员对为什么要开发某种产品或服务达成共识，项目启动后，就必须时刻确保这一共识不被淡化，不会出现分歧。即使开发出了产品或服务，之后也需要确认，这一共识是否通过产品或服务正确地传达给了用户，还需要和用户保持联系，分享用户的使用体验，让用户明白产品的开发理念，加快速度，实现可以为解决社会问题做出贡献的设计。

这种反馈可以为团队注入能量，成员们长期以来，为了计划全力以赴，或多或少会感到疲惫，这时候，金钱、晋升、老板的奖励等都难以发挥作用（虽然这些或多或少也需要），最强大的动力就是与用户的接触，即用户反馈，让大家意识到一直辛辛苦苦为之努力的“为什么”已经变成现实，并解决了用户的烦恼，这是唤醒其心灵的故事，是自己为解决社会问题做出贡献的真实感受，这些正是设计管理中的“热爱力”。

以对产品或服务的爱、对用户的爱为媒介，可以得到切实的感受，当涉及“为什么”时，设计管理的过程就被注入了新的力量。设计管理绝不会终结，它将不断地创造新的关系与故事，永无止境。

Google的规模策略

提起IT，人们往往认为它是以网络为中心，提供软件和服务的“虚拟世界”，但是现在的IT正在从虚拟走向现实。过去，IT的主要任务是正确操作网络上的信息，统一处理所有的信息，形成可见的数据。但是现在，我们必须认识到，IT已经飞越了“电脑中的世界”。

代表企业是Google（美国），它通过检索引擎自动化和针对关键字提供广告取得巨额收入，实现了商业成功，而且，相信大家的生活也离不开Google了。为了实现节能系统的愿景，该企业并购了可以帮助他们获利的企业；他们投资兴建发电厂，通过自产的电力推动网络服务器，还将业务范围扩大到手机销售、住宅修建、车、机器人、宇宙产业等领域。日本的产业界还在怀疑“产品不一定都能赚钱”的说法时，他们已经建立了多元系统，不断实践通过“蝴蝶效应”创造最终利润的构想，以跨行业的庞大规模构建难以用语言形容的超级企业。

日本能不能出现这种规模的企业？只要条件允许，理论上是可以的，何况日本有很多领先业界的世界级企业。但实际情况却是一牵扯到利益，企业的灵活性都会丧失，合作更无从谈起了。如今，拥有创造性的管理战略非常重要，要想集结智慧，追求真正的富足，就必须从整体上进行思考。

因此在此抗议！拒绝接受新挑战的企业是万恶之源，思考如何实现心中的愿景、如何付诸行动才是关键。

后记

MTDO inc.
田子学

好奇心与探究精神

有位朋友向别人介绍我时，说“这位是田子学，他可是脱藩者啊”。脱藩者就是幕府末期像坂本龙马一样的人，他大概是想说“此人已经不受组织的限制，走在自己认定的道路上，想要开拓新事业”。我当时只是觉得这样的形容很有趣，直到开始写这本书，回顾之前的工作，才突然意识到我可能真的是在“脱藩”，不仅辞去了编制内的设计师工作，变得很自由，还总想着从固有的框架中跳出来看看，挑战没有人做过的事情。

我只是单纯地喜欢接触新事物，喜欢追溯历史，探寻事物的起源，喜欢思索“人究竟是什么”“宇宙的尽头在哪里”等很难弄清楚的问题。之所以会这般乐此不疲地追求，是因为我有一种“原动力”，即对世间万物的好奇心，以及想要接近真相的探究精神，追求这些才不会陷入既有的框架。因此，我从未意识到自己是在“脱藩”，只是身在其中不知不觉就成了这样。我看着眼前的社会，感觉或许现在就是一百年前的明治维新时代，整个社会处于一个正待改天换地的时代。

孩子们经常问很多个“为什么”，这本书也极其自然地用到了很多“为什么”，因为我时时刻刻都在问自己“为什么”，这种不断的提问让我相信，还有未被发现的新大陆、新领域。

日本人的精神

早在四年前，我就打算写一本关于设计管理的书，因为从组织机构跳出来开始自由活动时，我就发现，即使有人对设计和品牌感兴趣，也很少有人对设计管理这一角色感兴趣。也就是在这个时候，经朋友推荐，我们有幸参与到鸣海制陶和协和 nasta 的产品开发计划中。现在想起来，这位朋友真是有先见之明。社会已经认识到“设计即管理”和“共创”的重要性，可是现在很多制造商依然一味追求产品的规格，或是打着生活方式、方案的旗号，通过把品牌借给他人的方式展开合作。我在学生时代就认为设计不是单纯的华丽装饰，而想要进一步理解设计更深处潜藏着的实质和力量。雷曼事件[1]之后，我眼看着日本企业渐渐衰落，也很担心日本以后何去何从，日夜思考能否通过设计让企业恢复活力。

之后又发生了东日本大地震，消息一瞬间传遍了日本，迄今为止的和平仿佛一下子就崩溃了。构筑的文明也像是黄粱一梦，瞬间崩塌，让人深受打击。身边所有的人都更加珍惜和所爱之人在一起的时间，越来越多的人期盼能从根本上解决社会存在的问题。我虽然深信设计拥有改变社会的力量，但之前觉得难为情，一直没能说出口。在这种情况下，我突然有了使命感，觉得自己不能再沉默下去了。

就在这时，OSORO 团队迎来了开发的紧要关头，而当时最热的话题莫过于日本人的精神。过去日本人的最低要求是保持良好的生活方式，而现在，它却成为这个国家所要背负的重担。也就在此时，我想到，日本人与生俱来的遗传基因不正是成为新兴日本的契机吗？我重新认识到，在这样的背景下，大家围在桌边吃饭这一平常的场景

1 2008年，美国第四大投资银行雷曼兄弟由于投资失利，在谈判收购失败后宣布申请破产保护，引发了全球金融海啸。

是多么幸福，每个人都露出笑容就是最大的幸福！我想让这样的场景永远伴随着大家，因此将该计划命名为“OSORO”（取“聚齐”之意）。

重新审视企业的价值

用设计的理念管理企业已经不是什么新鲜事了，把设计看作企业的一项资产也由来已久。日本也曾经活跃着很多优秀的设计人才，他们所承袭的精神始终没有改变。如今是追求创造的时代，如果不用综合性的观点把握事物的本质，事业就无法取得成功，这一事实已经摆在人们面前。然而，还有很多人迷失在信息爆炸中，看不清自己企业的价值。在战后复兴和经济高度成长期，日本的经济也曾实现过迅速增长，但后来日本并没有紧随时代的发展相应改变，而是站在过去的延长线上简单地生产产品，现在人们终于意识到了这种结果的弊端。但这并不是困境，而是挑战，意识到这一弊端就是目前最大的收获，虽然之前的方向出错了，但只要有勇气就可以修正轨道，回到正确的方向上来。只要管理者正确把握方向，向着目标努力，企业就能有光明的前途。

幸运的是，2020 年日本将要举办东京奥运会，这是让世界各国再次审视日本的绝佳机会，我们需要共同重建“新日本”，让世界对日本人刮目相看。

变革的先兆

现在日本的产品制造业还不足以冲击欧美的创新产品，但企业和管理者的意识确实在渐渐改变。

在我们的合作伙伴里，有一家在日本数一数二的跨国制造商，大概三年之前我们开始接触，令人感兴趣的是，他们竟然已经在探寻企业十年后应有的状态和企业的本质，思考如何凭借目前拥有的技术，创造更贴近人们需求的创新产品。这家企业并没有让我们设计产品，而是从描绘十年后的社会景象，设计出可以将愿景渗透到企业内部的交流方式。像这样，委托我们理解自家企业的特征，为他们设计品牌内化的请求越来越多。而且，更有意思的是，负责主导整个计划的不是企业的品牌团队，而是技术人员。

这个企业最厉害的地方就在于管理者也充分理解这个项目的宗旨。

一直认为“技术即资产”的日本企业也终于认识到，产品开发绝不仅仅局限于硬件与软件。我陆续地接到了来自网络营销企业的演讲邀请，更有一些之前只懂得开发软件和服务、而今认识到创新硬件的重要性的企业。我们深刻地认识到，技术和设计应该完美结合，这才是改革的先兆，我也因此认为日本的前景一片光明。

写在最后

写这本书相当于对我这 20 年的设计工作做了一个总结，也让我重新审视了自己的设计工作，更是一个让更多的人了解我的想法的绝佳机会。感谢给我此次机会的日经 BP 出版社和日经生产制造编辑部，还有在我写作过程中热心提出建议的高野敦和高田宪一，此外，最需要感谢的是和我共同创作的桥口宽先生。

当然我也要借此机会，向支持过我的设计活动的合作企业、创新团队的成员等，提醒我以日常视角看待世界的朋友、在生活和工作中都给予我支持的裕子，以及激发我灵感的女儿、家人们表达谢意。这本书的内容都源于日常工作和生活中的对话，并不是我一个人的功劳。

最后，我想对这本书的读者们说：谢谢你们！我想，会拿起这本书并将其买下的读者肯定对设计或者创新很感兴趣，愿意以更积极的态度思考世界未来的发展。如果这本书真的能给你们带来一些启示，我将不胜欣喜。

人类必须凭借自己的双手发现事物存在的价值，对于今后的社会而言，这是最重要的一点。日本的制造业仍然备受世界期待，我们应该把积累至今的智慧以全新的形态展现给世人，我深信这将造福于全人类。

仍在迷失方向的企业中孤军奋战的挑战者们，我会一直支持你们，请你们相信还有很多志同道合的伙伴在与你们一起奋斗，如果这样能给予你们一点鼓励，我会非常开心。

图书在版编目（CIP）数据

设计颠覆一切 /（日）田子学，（日）田子裕子，（日）桥口宽著；卢茂君译. —北京：北京联合出版公司，2018.4

ISBN 978-7-5596-1353-0

Ⅰ. ①设… Ⅱ. ①田… ②田… ③桥… ④卢… Ⅲ. ①产品设计—企业管理 Ⅳ. ①F273.2

中国版本图书馆CIP数据核字（2017）第331513号

著作权合同登记 图字：01-2017-8570号

设计颠覆一切

作　　者：[日]田子学 田子裕子 桥口宽
译　　者：卢茂君
责任编辑：张　萌

北京联合出版公司出版
（北京市西城区德外大街83号楼9层　100088）
三河市文通印刷包装有限公司印刷　新华书店经销
字数243千字　710毫米×1000毫米　1/16　印张15.5
2018年4月第1版　2018年4月第1次印刷
ISBN 978-7-5596-1353-0
定价：45.00元
